Impressum
Verlag: BABADADA GmbH, Nedderfeld 112 , 22529 Hamburg
Geschäftsführer / Verlagsleitung: Harald Hof
Druck: Books on Demand GmbH, In de Tarpen 42, 22848 Norderstedt

Imprint
Publisher: BABADADA GmbH, Nedderfeld 112 , 22529 Hamburg, Germany
Managing Director / Publishing direction: Harald Hof
Print: Books on Demand GmbH, In de Tarpen 42, 22848 Norderstedt

die Schule
σχολείο

das Klassenzimmer
σχολική τάξη

dividieren
διαιρώ

186/2

die Tafel
πίνακας

der Schulhof
σχολική αυλή

der Lehrer
δάσκαλος

das Papier
χαρτί

schreiben
γράφω

der Stift
στυλό

der Schreibtisch
γραφείο

das Lineal
χάρακας

das Buch
βιβλίο

die Schüler
μαθητής

der Ranzen

σχολική τσάντα

die Federmappe

κασετίνα/ μολυβοθήκη

der Bleistift

μολύβι

der Bleistiftanspitzer

ξύστρα

das Radiergummi

γόμα

der Zeichenblock

μπλοκ ζωγραφικής

die Zeichnung

ζωγραφική

der Pinsel

πινέλο

der Malkasten

κουτί χρωμάτων

die Schere

ψαλίδι

der Klebstoff

κόλλα

das Übungsheft

τετράδιο ασκήσεων

die Hausaufgabe

εργασία για το σπίτι

die Zahl

αριθμός

addieren

προσθέτω

subtrahieren

αφαιρώ

multiplizieren

πολλαπλασιάζω

rechnen

υπολογίζω

der Buchstabe

γράμμα

das Alphabet

αλφάβητο

das Wort

λέξη

die Schule - σχολείο

der Text

κείμενο

lesen

διαβάζω

die Kreide

κιμωλία

die Stunde

μάθημα

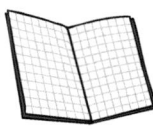

das Klassenbuch

εγγράφομαι

die Prüfung

τεστ

das Zeugnis

πιστοποιητικό

die Schuluniform

μαθητική στολή

die Ausbildung

εκπαίδευση

das Lexikon

εγκυκλοπαίδεια

die Universität

πανεπιστήμιο

das Mikroskop

μικροσκόπιο

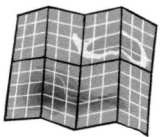

die Karte

χάρτης

der Papierkorb

καλάθι αχρήστων

die Schule - σχολείο

die Reise
ταξίδι

das Hotel
ξενοδοχείο
Grand
die Herberge
ξενώνας
ROOMS
die Wechselstube
ανταλλακτήρια συναλλάγματος
der Koffer
βαλίτσα
das Auto
αυτοκίνητο

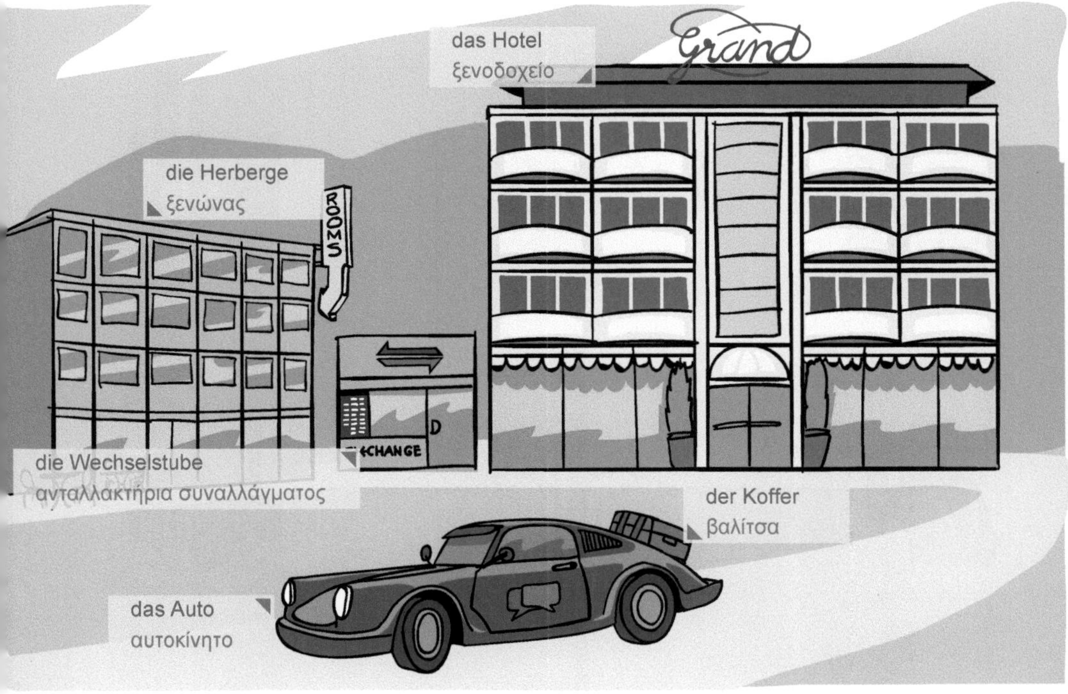

die Sprache

γλώσσα

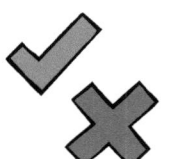

ja / nein

ναι / όχι

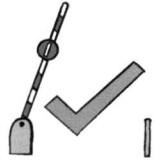

Okay

εντάξει

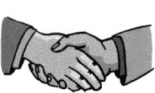

Hallo

γεια σου

der Übersetzer

μεταφραστής

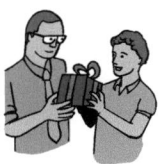

Danke

Ευχαριστώ

Was kostet...?

πόσο κάνει ;

Ich verstehe nicht

Δε καταλαβαίνω

das Problem

πρόβλημα

Guten Abend!

Καλησπέρα!

Guten Morgen!

Καλημέρα!

Gute Nacht!

Καληνύχτα!

Auf Wiedersehen

Αντίο

die Richtung

κατεύθυνση

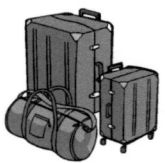

das Gepäck

αποσκευές

die Tasche

τσάντα

der Rucksack

σακίδιο πλάτης

der Gast

καλεσμένος

das Zimmer

δωμάτιο

der Schlafsack

υπνόσακος

das Zelt

σκηνή

die Reise - ταξίδι

die Touristeninformation

τουριστικές πληροφορίες

der Strand

παραλία

die Kreditkarte

πιστωτική κάρτα

das Frühstück

πρωινό

das Mittagessen

μεσημεριανό

das Abendessen

δείπνο

die Fahrkarte

εισιτήριο

der Fahrstuhl

ανελκυστήρας

die Briefmarke

γραμματόσημο

die Grenze

σύνορα

der Zoll

τελωνείο

die Botschaft

πρεσβεία

das Visum

βίζα

der Pass

διαβατήριο

der Transport
μεταφορά

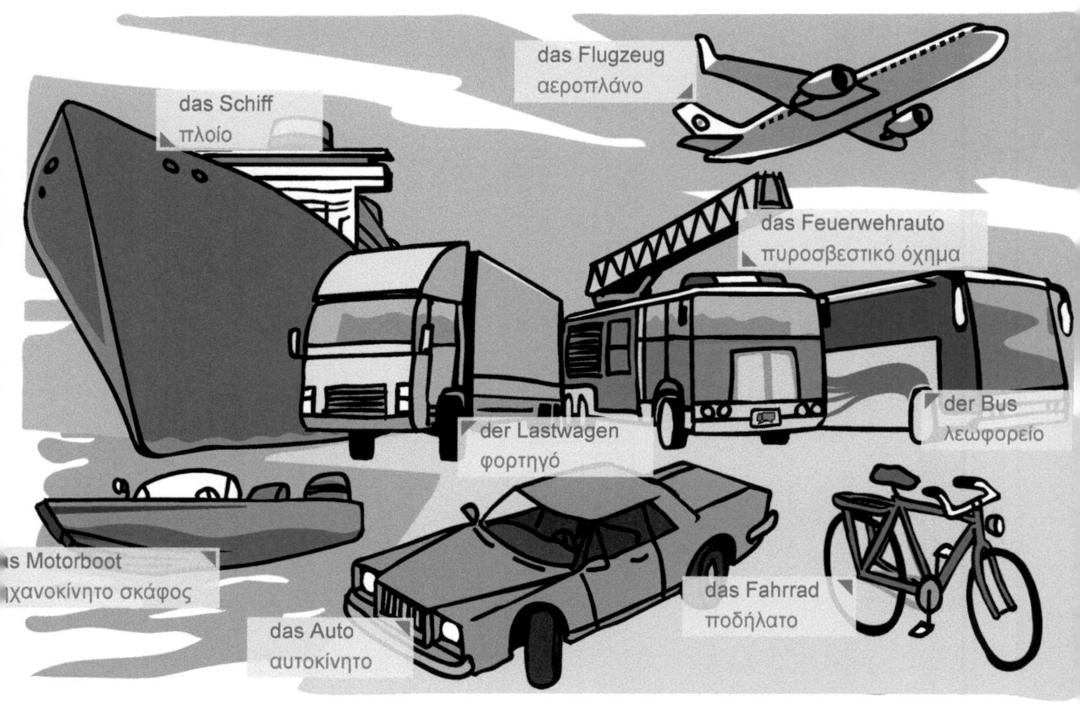

das Flugzeug
αεροπλάνο
das Schiff
πλοίο
das Feuerwehrauto
πυροσβεστικό όχημα
der Bus
λεωφορείο
der Lastwagen
φορτηγό
s Motorboot
ιχανοκίνητο σκάφος
das Fahrrad
ποδήλατο
das Auto
αυτοκίνητο

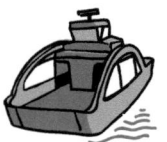

die Fähre

φεριμπότ

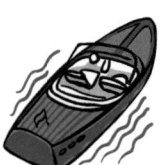

das Boot

βάρκα

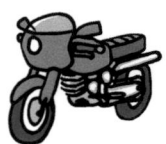

das Motorrad

μοτοσικλέτα

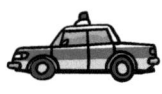

das Polizeiauto

περιπολικό

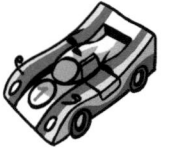

das Rennauto

αγωνιστικό αυτοκίνητο

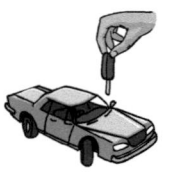

der Mietwagen

ενοικιαζόμενο αυτοκίνητο

das Carsharing

διαμοιρασμός αυτοκινήτων

der Abschleppwagen

γερανός

das Müllauto

απορριμματοφόρο

der Motor

κινητήρας

der Kraftstoff

καύσιμο

die Tankstelle

βενζινάδικο

das Verkehrsschild

πινακίδα σήμανσης

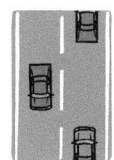

der Verkehr

κυκλοφορία

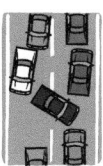

der Stau

κυκλοφοριακή συμφόρηση

der Parkplatz

χώρος στάθμευσης

der Bahnhof

σιδηροδρομικός σταθμός

die Schienen

σιδηροδρομικές γραμμές

der Zug

τρένο

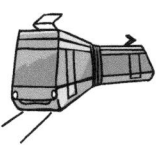

die Straßenbahn

τραμ

der Wagon

βαγόνι

der Helikopter

ελικόπτερο

der Flughafen

αεροδρόμιο

der Tower

πύργος

der Passagier

επιβάτης

der Container

εμπορευματοκιβώτιο

der Karton

χαρτοκιβώτιο

der Karren

καρότσι

der Korb

καλάθι

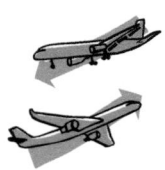

starten / landen

απογειώνομαι /
προσγειόνομαι

die Stadt
πόλη

das Dorf

χωριό

das Stadtzentrum

κέντρο της πόλης

das Haus

σπίτι

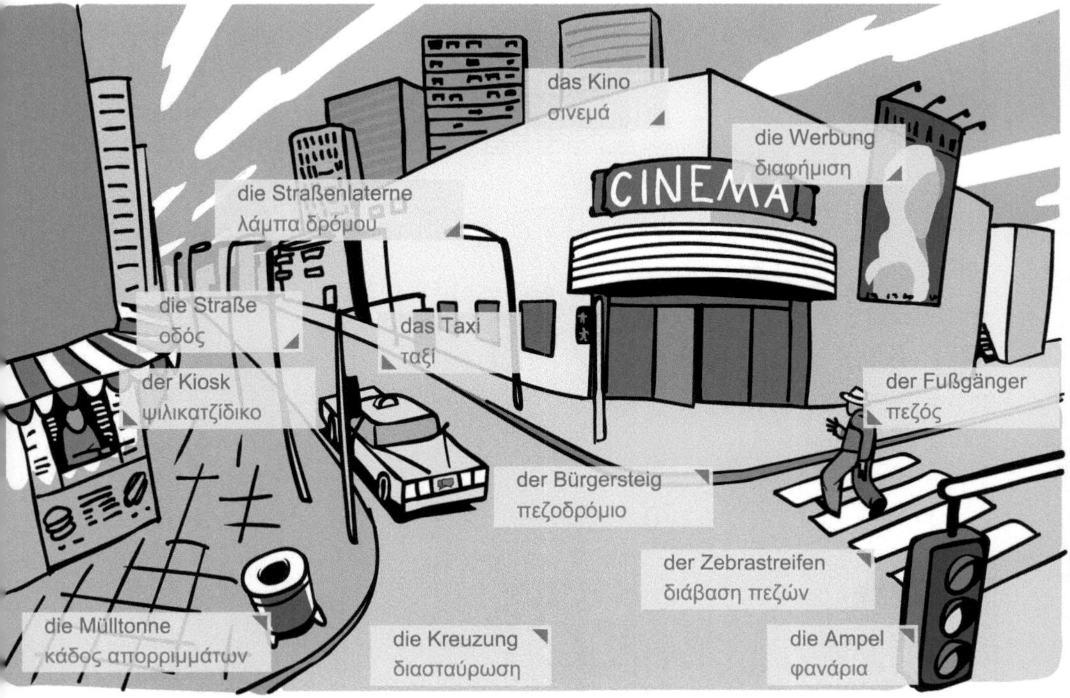
das Kino
σινεμά
die Werbung
διαφήμιση
CINEMA
die Straßenlaterne
λάμπα δρόμου
die Straße
οδός
das Taxi
ταξί
der Kiosk
ψιλικατζίδικο
der Fußgänger
πεζός
der Bürgersteig
πεζοδρόμιο
der Zebrastreifen
διάβαση πεζών
die Mülltonne
κάδος απορριμμάτων
die Kreuzung
διασταύρωση
die Ampel
φανάρια

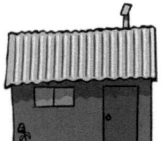

die Hütte

καλύβα

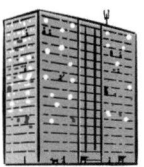

die Wohnung

διαμέρισμα

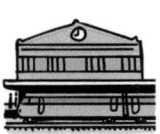

der Bahnhof

σιδηροδρομικός σταθμός

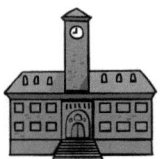

das Rathaus

δημαρχείο

MUSEUM

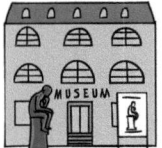

das Museum

μουσείο

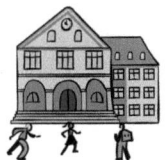

die Schule

σχολείο

die Universität

πανεπιστήμιο

die Bank

τράπεζα

das Krankenhaus

νοσοκομείο

das Hotel

ξενοδοχείο

die Apotheke

φαρμακείο

das Büro

γραφείο

die Buchhandlung

βιβλιοπωλείο

das Geschäft

κατάστημα

der Blumenladen

ανθοπωλείο

der Supermarkt

σούπερ μάρκετ

der Markt

αγορά

das Kaufhaus

πολυκατάστημα

der Fischhändler

ιχθυοπωλείο

das Einkaufszentrum

εμπορικό κέντρο

der Hafen

λιμάνι

die Stadt - πόλη

der Park

πάρκο

die Bank

παγκάκι

die Brücke

γέφυρα

die Treppe

σκάλες

die U-Bahn

μετρό

der Tunnel

τούνελ

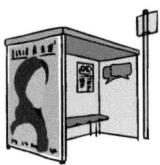

die Bushaltestelle

στάση λεωφορείου

die Bar

μπαρ

das Restaurant

εστιατόριο

der Briefkasten

γραμματοκιβώτιο

das Straßenschild

πινακίδα δρόμου

die Parkuhr

παρκόμετρο

der Zoo

ζωολογικός κήπος

die Badeanstalt

πισίνα

die Moschee

τζαμί

der Bauernhof
αγρόκτημα

die Umweltverschmutzung
ρύπανση

der Friedhof
νεκροταφείο

die Kirche
εκκλησία

der Spielplatz
παιδική χαρά

der Tempel
ναός

die Landschaft
τοπίο

das Blatt
φύλλο

der Wegweiser
πινακίδα κατεύθυνσης

der Weg
δρόμος

die Wiese
λιβάδι

der Stein
πέτρα

der Baum
δέντρο

der Wanderer
πεζοπόρος

der Fluss
ποτάμι

das Gras
χορτάρι

die Blume
λουλούδι

das Tal
κοιλάδα

der Berg
λόφος

der See
λίμνη

der Wald
δάσος

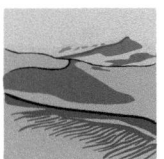

die Wüste
έρημος

der Vulkan
ηφαίστειο

das Schloss
κάστρο

der Regenbogen
ουράνιο τόξο

der Pilz
μανιτάρι

die Palme
φοίνικας

der Moskito
κουνούπι

die Fliege
μύγα

die Ameise
μυρμήγκι

die Biene
μέλισσα

die Spinne
αράχνη

der Käfer

σκαθάρι

der Frosch

βάτραχος

das Eichhörnchen

σκίουρος

der Igel

σκαντζόχοιρος

der Hase

λαγός

die Eule

κουκουβάγια

die Vogel

πουλί

der Schwan

κύκνος

das Wildschwein

αγριογούρουνο

der Hirsch

ελάφι

der Elch

άλκη

der Staudamm

φράγμα

das Windrad

ανεμογεννήτρια

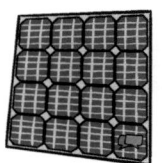

das Solarmodul

ηλιακός συλλέκτης

das Klima

κλίμα

die Landschaft - τοπίο

das Restaurant
εστιατόριο

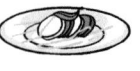

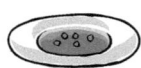

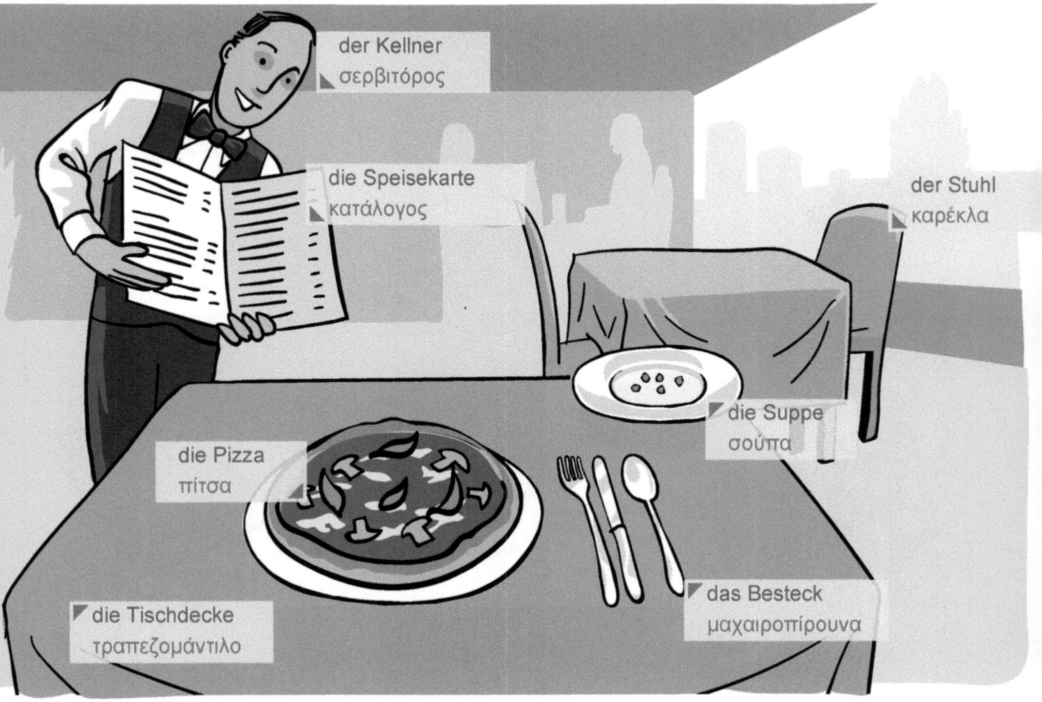
der Kellner
σερβιτόρος
die Speisekarte
κατάλογος
der Stuhl
καρέκλα
die Suppe
σούπα
die Pizza
πίτσα
das Besteck
μαχαιροπίρουνα
die Tischdecke
τραπεζομάντιλο

die Vorspeise

ορεκτικό

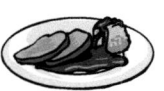

das Hauptgericht

κύριο πιάτο

die Nachspeise

επιδόρπιο

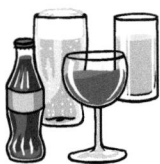

die Getränke

ποτά

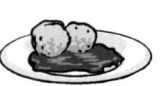

das Essen

φαγητό

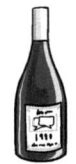

die Flasche

μπουκάλι

das Fastfood

φαστ φουντ

das Streetfood

φαγητό στ' όρθιο

die Teekanne

τσαγιέρα

die Zuckerdose

δοχείο ζάχαρης

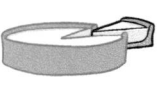

die Portion

μερίδα

die Espressomaschine

μηχανή εσπρέσο

der Hochstuhl

ψηλή καρέκλα

die Rechnung

λογαριασμός

das Tablett

δίσκος

das Messer

μαχαίρι

die Gabel

πιρούνι

der Löffel

κουτάλι

der Teelöffel

κουταλάκι του τσαγιού

die Serviette

πετσέτα φαγητού

das Glas

ποτήρι

das Restaurant - εστιατόριο

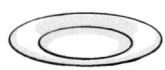

der Teller

πιάτο

der Suppenteller

πιάτο σούπας

die Untertasse

πιατάκι φλιτζανιού

die Sauce

σάλτσα

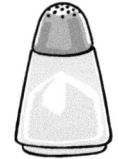

der Salzstreuer

αλατιέρα

die Pfeffermühle

μύλος για πιπέρι

der Essig

ξύδι

das Öl

λάδι

die Gewürze

μπαχαρικά

das Ketchup

κέτσαπ

der Senf

μουστάρδα

die Mayonnaise

μαγιονέζα

der Supermarkt
σούπερ μάρκετ

das Angebot
προσφορά
FOR
der Kunde
πελάτης
die Milchprodukte
γαλακτοκομικά προϊοντα
das Obst
φρούτα
der Einkaufswagen
καρότσι για ψώνια

BUTCHERS

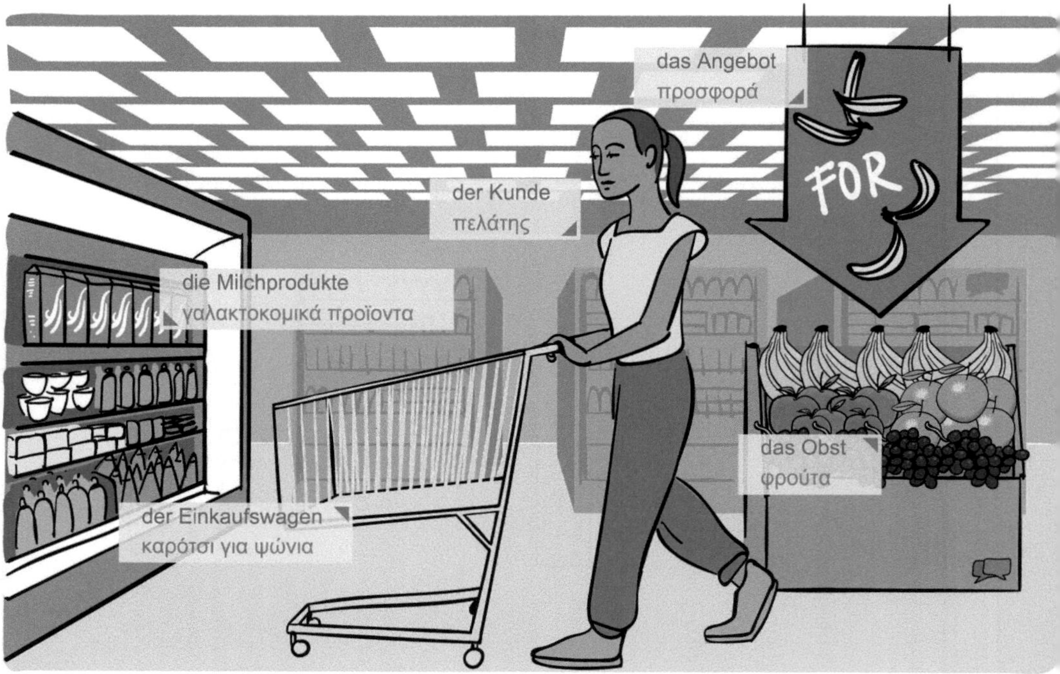

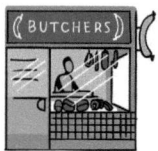

die Schlachterei

κρεοπωλείο

BAKERY

die Bäckerei

φούρνος

wiegen

ζυγίζω

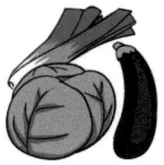

das Gemüse

λαχανικά

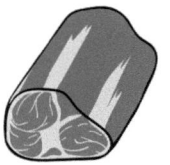

das Fleisch

κρέας

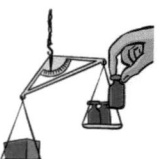

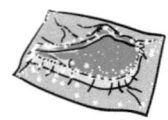

die Tiefkühlkost

κατεψυγμένα τρόφιμα

der Aufschnitt

αλλαντικά

die Konserven

κονσερβοποιημένη τροφή

das Waschmittel

απορρυπαντικό ρούχων

die Süßigkeiten

γλυκά

die Haushaltsartikel

οικιακά είδη

das Reinigungsmittel

καθαριστικά προϊόντα

die Verkäuferin

πωλήτρια

die Kasse

ταμείο

der Kassierer

ταμίας

die Einkaufsliste

λίστα για ψώνια

die Öffnungszeiten

ωράριο λειτουργίας

die Brieftasche

πορτοφόλι

die Kreditkarte

πιστωτική κάρτα

die Tasche

τσάντα

die Plastiktüte

πλαστική σακούλα

der Supermarkt - σούπερ μάρκετ

das Wasser

νερό

der Saft

χυμός

die Milch

γάλα

die Cola

κόκα κόλα

der Wein

κρασί

das Bier

μπίρα

der Alkohol

αλκοόλ

der Kakao

κακάο

der Tee

τσάι

der Kaffee

καφές

der Espresso

εσπρέσο

der Cappuccino

καπουτσίνο

die Banane

μπανάνα

der Apfel

μήλο

die Orange

πορτοκάλι

die Melone

πεπόνι

die Zitrone

λεμόνι

die Karotte

καρότο

der Knoblauch

σκόρδο

der Bambus

μπαμπού

die Zwiebel

κρεμμύδι

der Pilz

μανιτάρι

die Nüsse

ξηροί καρποί

die Nudeln

νουντλς

die Spaghetti

μακαρόνια

der Reis

ρύζι

der Salat

σαλάτα

die Pommes frites

πατατάκια

die Bratkartoffeln

τηγανητές πατάτες

die Pizza

πίτσα

der Hamburger

χάμπουργκερ

das Sandwich

σάντουιτς

das Schnitzel

κοτολέτα

der Schinken

ζαμπόν

die Salami

σαλάμι

die Wurst

λουκάνικο

das Huhn

κοτόπουλο

der Braten

ψητό

der Fisch

ψάρι

das Essen - φαγητό

die Haferflocken

χυλός βρώμης

das Müsli

μούσλι

die Cornflakes

κορν φλέικς

das Mehl

αλεύρι

das Croissant

κρουασάν

das Brötchen

ψωμάκι

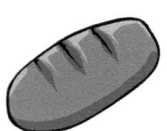

das Brot

ψωμί

der Toast

τοστ

die Kekse

μπισκότα

die Butter

βούτυρο

der Quark

τυρόπηγμα

der Kuchen

κέικ

das Ei

αυγό

das Spiegelei

τηγανητό αυγό

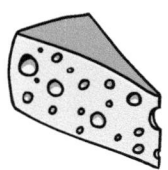

der Käse

τυρί

die Eiscreme

παγωτό

der Zucker

ζάχαρη

der Honig

μέλι

die Marmelade

μαρμελάδα

die Nougat-Creme

άλλειμμα σοκολάτας

das Curry

κάρυ

der Bauernhof
αγρόκτημα

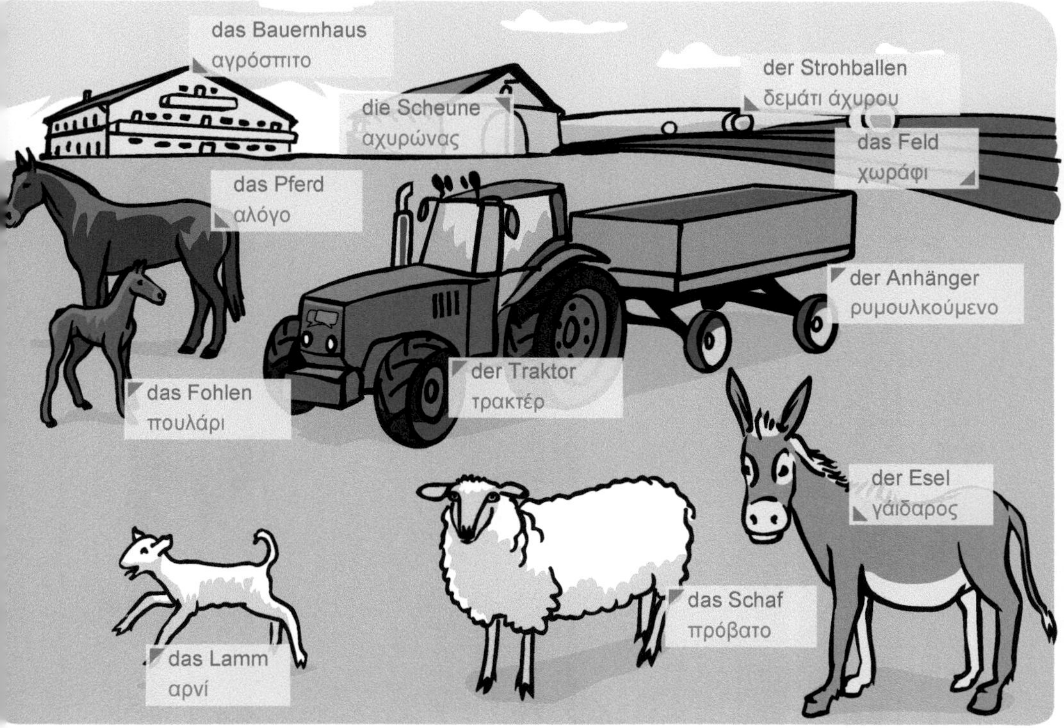
das Bauernhaus
αγρόσπιτο
die Scheune
αχυρώνας
der Strohballen
δεμάτι άχυρου
das Feld
χωράφι
das Pferd
αλόγο
der Anhänger
ρυμουλκούμενο
der Traktor
τρακτέρ
das Fohlen
πουλάρι
der Esel
γάιδαρος
das Schaf
πρόβατο
das Lamm
αρνί

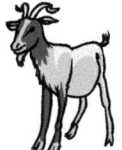

die Ziege

κατσίκα

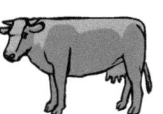

die Kuh

αγελάδα

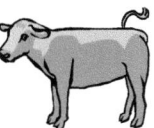

das Kalb

μοσχαράκι

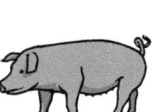

das Schwein

γουρούνι

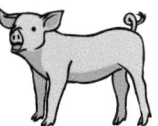

das Ferkel

γουρουνάκι

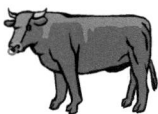

der Bulle

ταύρος

die Gans

χήνα

die Ente

πάπια

das Küken

κοτοπουλάκι

das Huhn

κότα

der Hahn

κόκορας

die Ratte

αρουραίος

die Katze

γάτα

die Maus

ποντίκι

der Ochse

βόδι

der Hund

σκύλος

die Hundehütte

σπιτάκι σκύλου

der Gartenschlauch

λάστιχο κήπου

die Gießkanne

ποτιστήρι

die Sense

θεριστήρι

der Pflug

αλέτρι

der Bauernhof - αγρόκτημα

die Sichel

δρεπάνι

die Hacke

τσάπα

die Mistgabel

δίκρανο

die Axt

τσεκούρι

die Schubkarre

χειράμαξα

der Trog

ταΐστρα

die Milchkanne

δοχείο γάλακτος

der Sack

σάκος

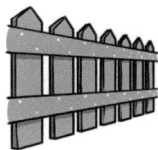

der Zaun

φράχτης

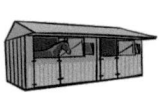

der Stall

στάβλος

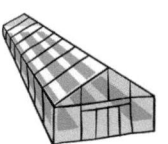

das Treibhaus

θερμοκήπιο

der Boden

έδαφος

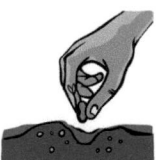

die Saat

σπόρος

der Dünger

λίπασμα

der Mähdrescher

θεριζοαλωνιστική μηχανή

ernten

θερίζω

die Ernte

συγκομιδή

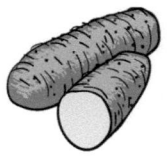

die Yamswurzel

γιαμς

der Weizen

σιτάρι

das Soja

σόγια

die Kartoffel

πατάτα

der Mais

καλαμπόκι

der Raps

κράμβη

der Obstbaum

οπωροφόρο δέντρο

der Maniok

μανιόκα

das Getreide

δημητριακά

der Bauernhof - αγρόκτημα

das Haus
σπίτι

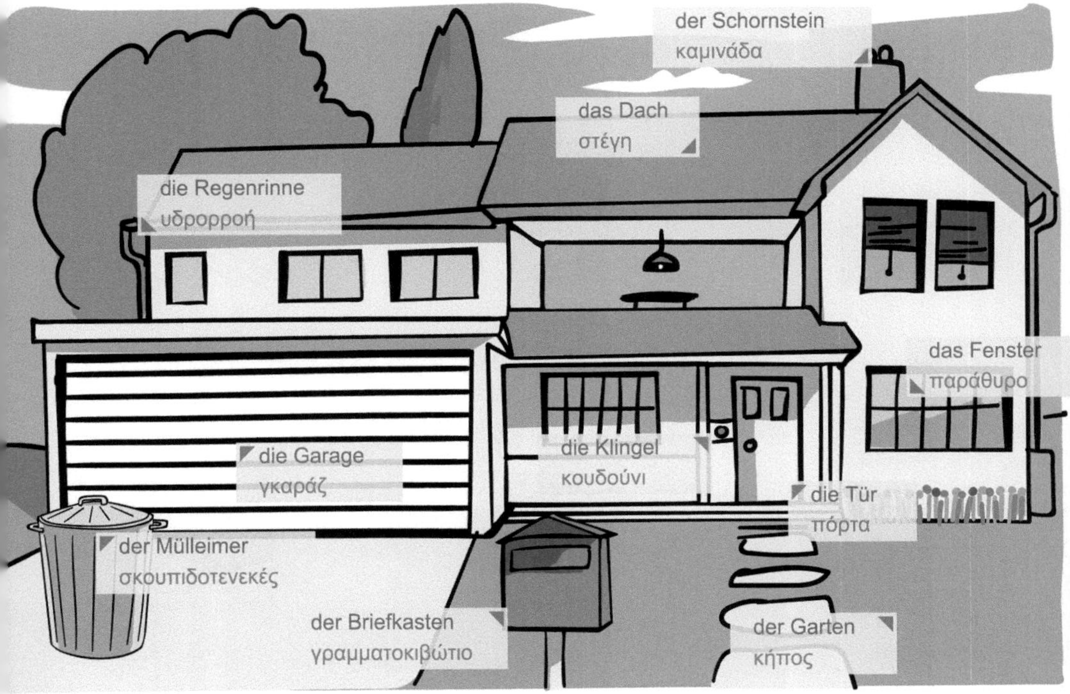

der Schornstein
καμινάδα
das Dach
στέγη
die Regenrinne
υδρορροή
das Fenster
παράθυρο
die Garage
γκαράζ
die Klingel
κουδούνι
die Tür
πόρτα
der Mülleimer
σκουπιδοτενεκές
der Briefkasten
γραμματοκιβώτιο
der Garten
κήπος

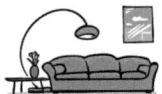

das Wohnzimmer

σαλόνι

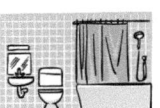

das Badezimmer

μπάνιο

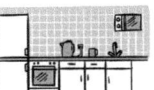

die Küche

κουζίνα

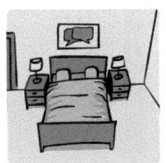

das Schlafzimmer

υπνοδωμάτιο

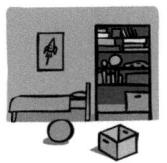

das Kinderzimmer

παιδικό δωμάτιο

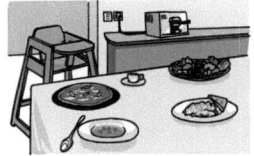

das Esszimmer

τραπεζαρία

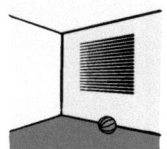

der Boden

πάτωμα

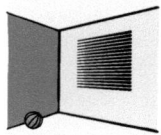

die Wand

τοίχος

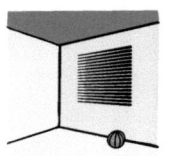

die Decke

οροφή

der Keller

κελάρι

die Sauna

σάουνα

der Balkon

μπαλκόνι

die Terrasse

βεράντα

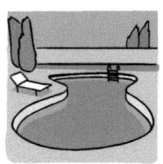

das Schwimmbad

πισίνα

der Rasenmäher

μηχανή του γκαζόν

der Bettbezug

σεντόνι

die Bettdecke

κάλυμμα κρεβατιού

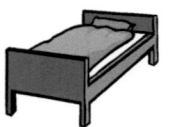

das Bett

κρεβάτι

der Besen

σκούπα

der Eimer

κουβάς

der Schalter

διακόπτης

das Wohnzimmer
σαλόνι

die Tapete
ταπετσαρία
das Bild
φωτογραφία
die Lampe
λάμπα
das Regal
ράφι
der Schrank
ντουλάπι
der Fernseher
τηλεόραση
der Kamin
τζάκι
die Blume
λουλούδι
das Kissen
μαξιλάρι
das Sofa
καναπές
die Vase
βάζο
die Fernbedienung
τηλεκοντρόλ

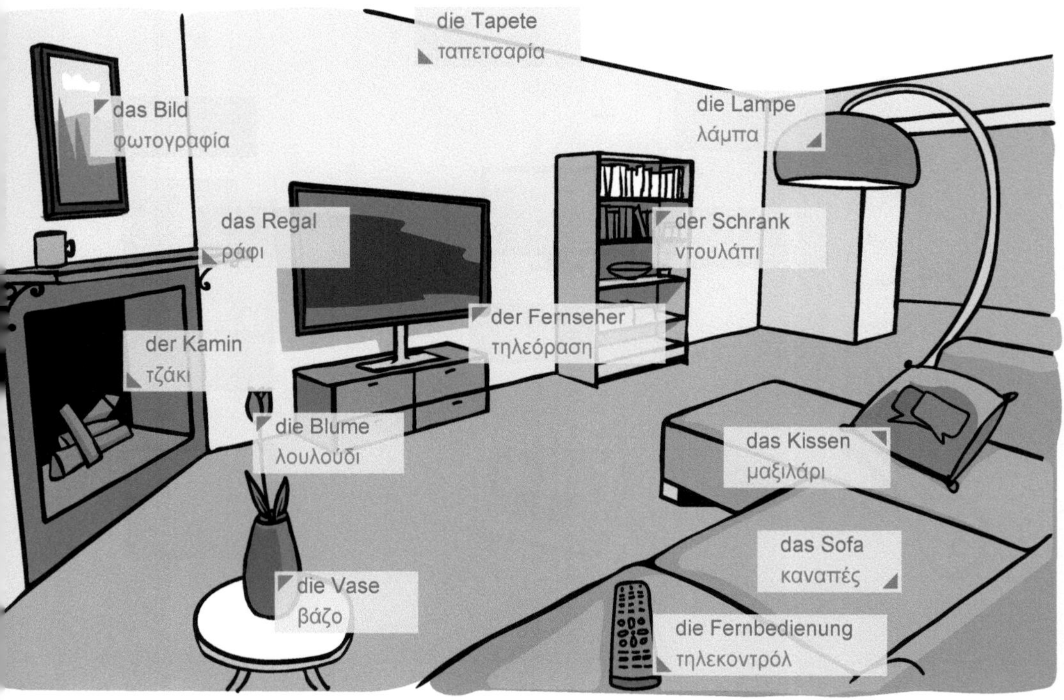

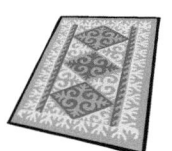

der Teppich
χαλί

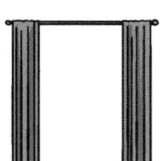

der Vorhang
κουρτίνα

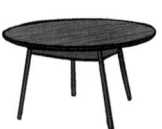

der Tisch
τραπέζι

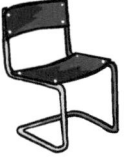

der Stuhl
καρέκλα

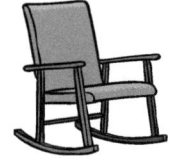

der Schaukelstuhl
κουνιστή πολυθρόνα

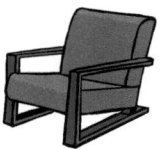

der Sessel
πολυθρόνα

das Buch

βιβλίο

die Decke

κουβέρτα

die Dekoration

διακόσμηση

das Feuerholz

καυσόξυλα

der Film

ταινία

die Stereoanlage

στερεοφωνικό σύστημα

der Schlüssel

κλειδί

die Zeitung

εφημερίδα

das Gemälde

πίνακας ζωγραφικής

das Poster

αφίσα

das Radio

ραδιόφωνο

der Notizblock

σημειωματάριο

der Staubsauger

ηλεκτρική σκούπα

der Kaktus

κάκτος

die Kerze

κερί

das Wohnzimmer - σαλόνι

die Küche
κουζίνα

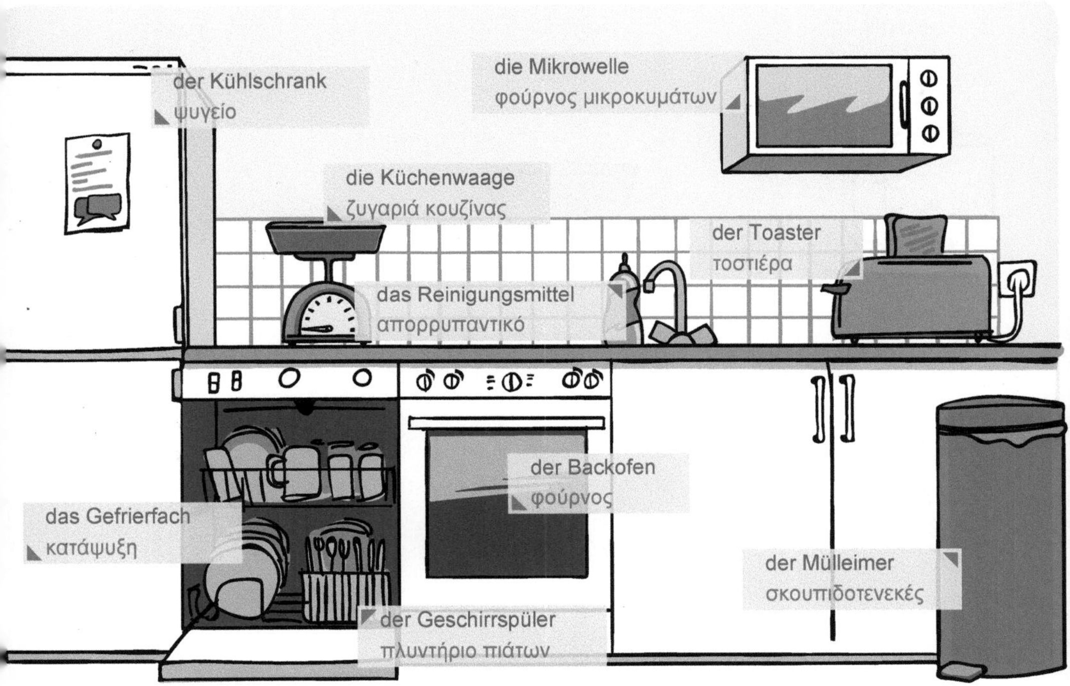
der Kühlschrank
ψυγείο
die Mikrowelle
φούρνος μικροκυμάτων
die Küchenwaage
ζυγαριά κουζίνας
der Toaster
τοστιέρα
das Reinigungsmittel
απορρυπαντικό
der Backofen
φούρνος
das Gefrierfach
κατάψυξη
der Mülleimer
σκουπιδοτενεκές
der Geschirrspüler
πλυντήριο πιάτων

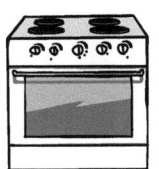

der Herd

κουζίνα

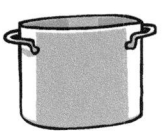

der Topf

κατσαρόλα

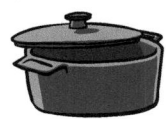

der Eisentopf

μαντεμένια κατσαρόλα

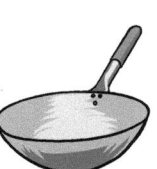

der Wok / Kadai

γουόκ/καντάι

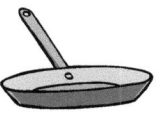

die Pfanne

τηγάνι

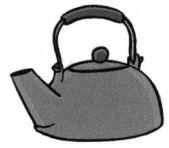

der Wasserkocher

βραστήρας

der Dampfgarer

ατμομάγειρας

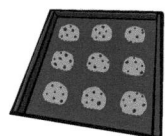

das Backblech

ταψί

das Geschirr

πιατικά

der Becher

κούπα

die Schale

μπολ

die Essstäbchen

ξυλάκια

die Suppenkelle

κουτάλα

der Pfannenwender

σπάτουλα

der Schneebesen

ανακατεύω

das Kochsieb

σουρωτήρι

das Sieb

σουρωτηράκι

die Reibe

τρίφτης

der Mörser

γουδί

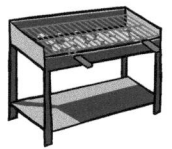

der Grill

ψησταριά

die Feuerstelle

ανοιχτή φωτιά

die Küche - κουζίνα

das Schneidebrett

σανίδα κοπής

das Nudelholz

πλάστης

der Korkenzieher

ανοιχτήρι φελλών

die Dose

κονσέρβα

der Dosenöffner

ανοιχτήρι κονσέρβας

der Topflappen

γάντι φούρνου

das Waschbecken

νεροχύτης

die Bürste

βούρτσα

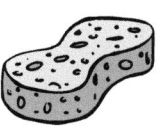

der Schwamm

σφουγγάρι

der Mixer

μπλέντερ

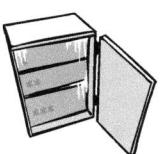

die Gefriertruhe

καταψύκτης

die Babyflasche

μπιμπερό

der Wasserhahn

βρύση

die Küche - κουζίνα

das Badezimmer

μπάνιο

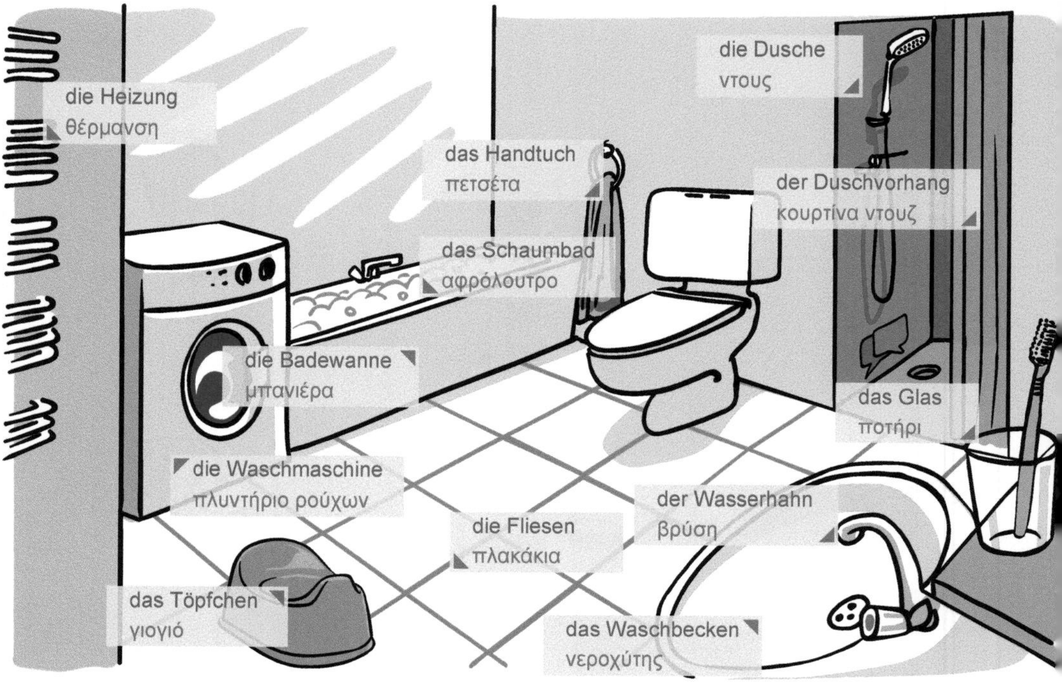
die Heizung
θέρμανση
das Handtuch
πετσέτα
die Dusche
ντους
der Duschvorhang
κουρτίνα ντους
das Schaumbad
αφρόλουτρο
die Badewanne
μπανιέρα
das Glas
ποτήρι
die Waschmaschine
πλυντήριο ρούχων
der Wasserhahn
βρύση
die Fliesen
πλακάκια
das Töpfchen
γιογιό
das Waschbecken
νεροχύτης

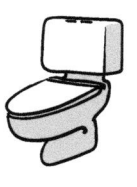

die Toilette

τουαλέτα

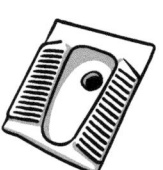

die Hocktoilette

τούρκικη τουαλέτα

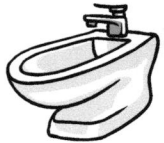

das Bidet

μπιντές

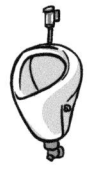

das Pissoir

ουρητήριο

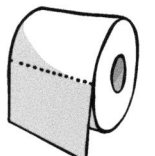

das Toilettenpapier

χαρτί υγείας

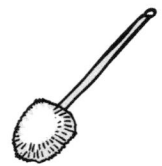

die Toilettenbürste

πιγκάλ

die Zahnbürste

οδοντόβουρτσα

die Zahnpasta

οδοντόκρεμα

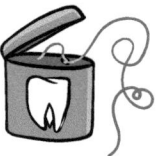

die Zahnseide

οδοντικό νήμα

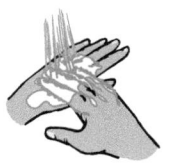

waschen

πλένω

die Handbrause

τηλέφωνο ντους

die Intimdusche

ντουσιέρα

die Waschschüssel

λεκάνη

die Rückenbürste

βούρτσα πλάτης

die Seife

σαπούνι

das Duschgel

αφρόλουτρο

das Shampoo

σαμπουάν

der Waschlappen

φανέλα

der Abfluss

σιφόνι

die Creme

κρέμα

das Deodorant

αποσμητικό

der Spiegel

καθρέφτης

der Kosmetikspiegel

καθρέφτης χειρός

der Rasierer

ξυραφάκι

der Rasierschaum

αφρός ξυρίσματος

das Rasierwasser

αφτερσέιβ

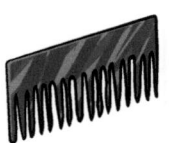

der Kamm

χτένα

die Bürste

βούρτσα

der Föhn

σεσουάρ

das Haarspray

λακ

das Makeup

μακιγιάζ

der Lippenstift

κραγιόν

der Nagellack

βερνίκι νυχιών

die Watte

βαμβάκι

die Nagelschere

ψαλίδι νυχιών

das Parfum

άρωμα

der Kulturbeutel

νεσεσέρ

der Hocker

σκαμπό

die Waage

ζυγαριά

der Bademantel

μπουρνούζι

die Gummihandschuhe

ελαστικά γάντια

das Tampon

ταμπόν

die Damenbinde

πετσέτα υγιεινής

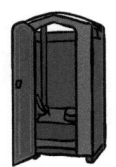

die Chemietoilette

χημική τουαλέτα

das Kinderzimmer

παιδικό δωμάτιο

der Wecker
ξυπνητήρι
das Kuscheltier
λούτρινο ζωάκι
das Spielzeugauto
αυτοκινητάκι
die Rassel
κουδουνίστρα
das Puppenhaus
κουκλόσπιτο
das Geschenk
δώρο

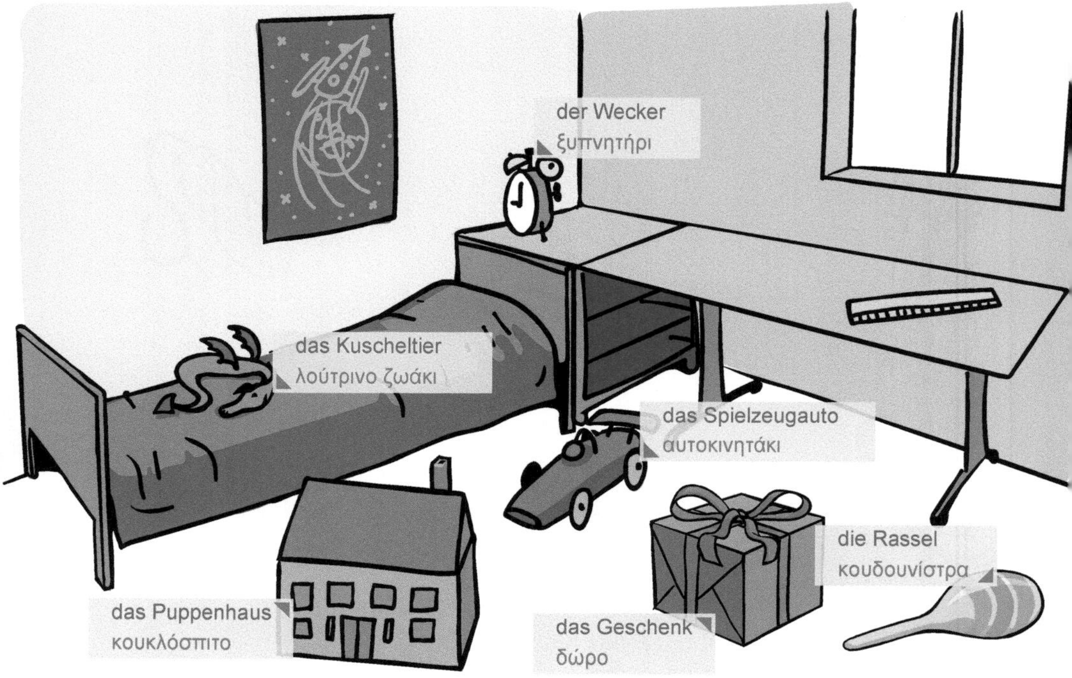

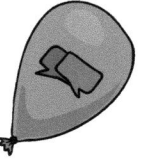

der Ballon

μπαλόνι

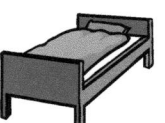

das Bett

κρεβάτι

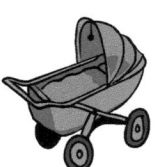

der Kinderwagen

καροτσάκι

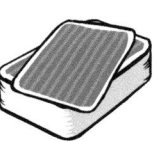

das Kartenspiel

τράπουλα

das Puzzle

παζλ

SUPER MEGA

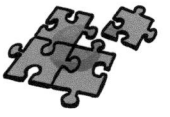

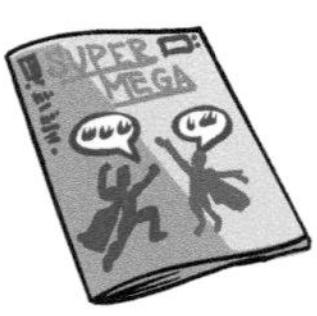

der Comic

κόμικς

die Legosteine

τουβλάκια lego

die Bausteine

τουβλάκια κατασκευών

die Action Figur

φιγούρα δράσης

der Strampelanzug

βρεφικό φορμάκι

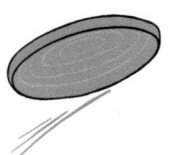

das Frisbee

φρίσμπι

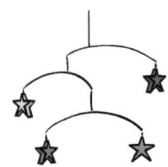

das Mobile

μόμπιλο

das Brettspiel

επιτραπέζιο παιχνίδι

der Würfel

ζάρια

die Modelleisenbahn

σετ τρενάκι

der Schnuller

πιπίλα

die Party

πάρτι

das Bilderbuch

εικονογραφημένο βιβλίο

der Ball

μπάλα

die Puppe

κούκλα

spielen

παίζω

der Sandkasten

σκάμμα με άμμο

die Schaukel

κούνια

das Spielzeug

παιχνίδια

die Spielkonsole

κονσόλα βιντεοπαιχνιδιών

das Dreirad

τρίκυκλο

der Teddy

αρκουδάκι

der Kleiderschrank

ντουλάπα

die Kleidung

ρούχα

die Socken

κάλτσες

die Strümpfe

καλτσοδέτες

die Strumpfhose

καλσόν

der Schal
κασκόλ

der Regenschirm
ομπρέλα

das T-Shirt
μπλουζάκι

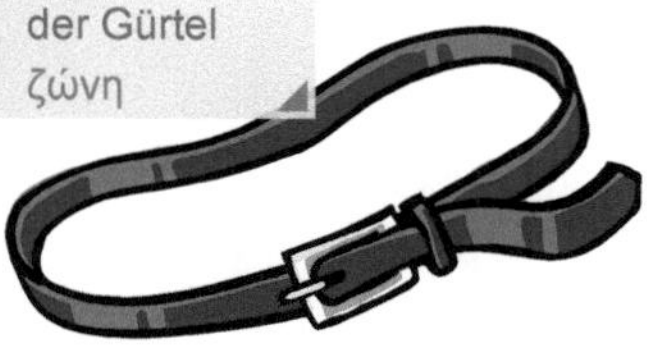

der Gürtel
ζώνη

der Stiefel
μπότες

die Hausschuhe
παντόφλες

die Turnschuhe
αθλητικά παπούτσια

die Sandalen
σανδάλια

die Schuhe
παπούτσια

die Gummistiefel
γαλότσες

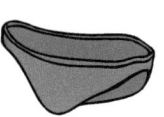
die Unterhose
εσώρουχο

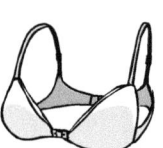
der Büstenhalter
σουτιέν

das Unterhemd
φανέλα

der Body

σώμα

die Hose

παντελόνι

die Jeans

τζιν παντελόνι

der Rock

φούστα

die Bluse

μπλούζα

das Hemd

πουκάμισο

der Pullover

πουλόβερ

der Kapuzenpullover

πουλόβερ

der Blazer

σακάκι

die Jacke

μπουφάν

der Mantel

παλτό

der Regenmantel

αδιάβροχο πανωφόρι

das Kostüm

κοστούμι

das Kleid

φόρεμα

das Hochzeitskleid

νυφικό

der Anzug

κοστούμι

das Nachthemd

νυχτικό

der Schlafanzug

πιτζάμες

der Sari

σάρι

das Kopftuch

μαντήλι

der Turban

τουρμπάνι

die Burka

μπούρκα

der Kaftan

καφτάνι

die Abaya

μουσουλμανικό ένδυμα

der Badeanzug

ολόσωμο μαγιό

die Badehose

ανδρικό μαγιό

die kurze Hose

σορτς

der Trainingsanzug

αθλητική φόρμα

die Schürze

ποδιά

die Handschuhe

γάντια

der Knopf

κουμπί

die Brille

γυαλιά

das Armband

βραχιόλι

die Halskette

περιδέραιο

der Ring

δαχτυλίδι

der Ohrring

σκουλαρίκι

die Mütze

καπέλο

der Kleiderbügel

κρεμάστρα

der Hut

καπέλο

die Krawatte

γραβάτα

der Reißverschluss

φερμουάρ

der Helm

κράνος

der Hosenträger

τιράντες

die Schuluniform

μαθητική στολή

die Uniform

στολή

die Kleidung - ρούχα

das Lätzchen

σαλιάρα

der Schnuller

πιπίλα

die Windel

πάνα

das Büro
γραφείο

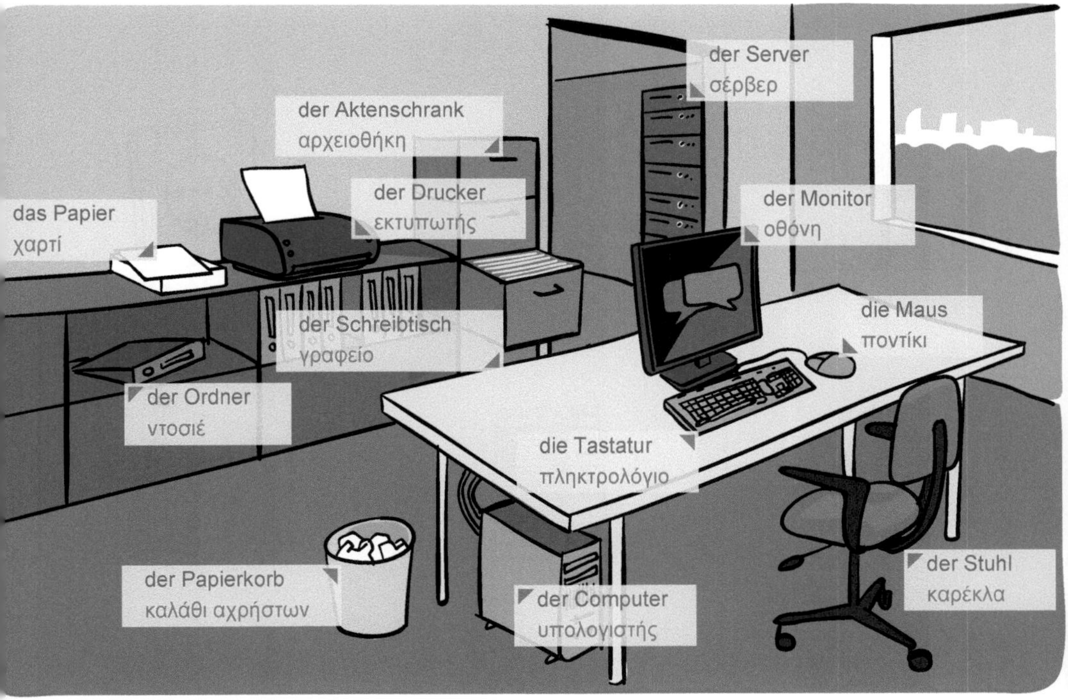

der Server
σέρβερ

der Aktenschrank
αρχειοθήκη

der Drucker
εκτυπωτής

das Papier
χαρτί

der Monitor
οθόνη

der Schreibtisch
γραφείο

die Maus
ποντίκι

der Ordner
ντοσιέ

die Tastatur
πληκτρολόγιο

der Papierkorb
καλάθι αχρήστων

der Stuhl
καρέκλα

der Computer
υπολογιστής

der Kaffeebecher

κούπα του καφέ

der Taschenrechner

κομπιουτεράκι

das Internet

ίντερνετ

der Laptop

λάπτοπ

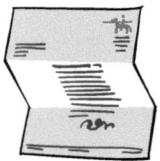

der Brief

γράμμα

die Nachricht

μήνυμα

das Handy

κινητό

das Netzwerk

δίκτυο

der Kopierer

φωτοτυπικό μηχάνημα

die Software

λογισμικό

das Telefon

τηλέφωνο

die Steckdose

πρίζα

das Fax

συσκευή φαξ

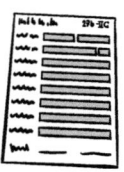

das Formular

έντυπο

das Dokument

έγγραφο

kaufen

αγοράζω

bezahlen

πληρώνω

handeln

συναλλάσσομαι

das Geld

χρήματα

der Dollar

δολάριο

der Euro

ευρώ

der Yen

γιεν

der Rubel

ρούβλι

der Franken

ελβετικό φράγκο

der Renminbi Yuan

ρενμίνμπι γιουάν

die Rupie

ρουπία

der Geldautomat

ΑΤΜ (αυτόματη ταμειακή μηχανή)

die Wechselstube

ανταλλακτήρια
συναλλάγματος

das Gold

χρυσός

das Silber

ασήμι

das Öl

πετρέλαιο

die Energie

ενέργεια

der Preis

τιμή

der Vertrag

συμβόλαιο

die Steuer

φόρος

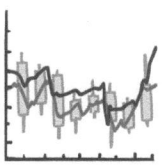

die Aktie

μετοχή

arbeiten

δουλεύω

der Angestellte

υπάλληλος

der Arbeitgeber

εργοδότης

die Fabrik

εργοστάσιο

das Geschäft

κατάστημα

die Berufe

επαγγέλματα

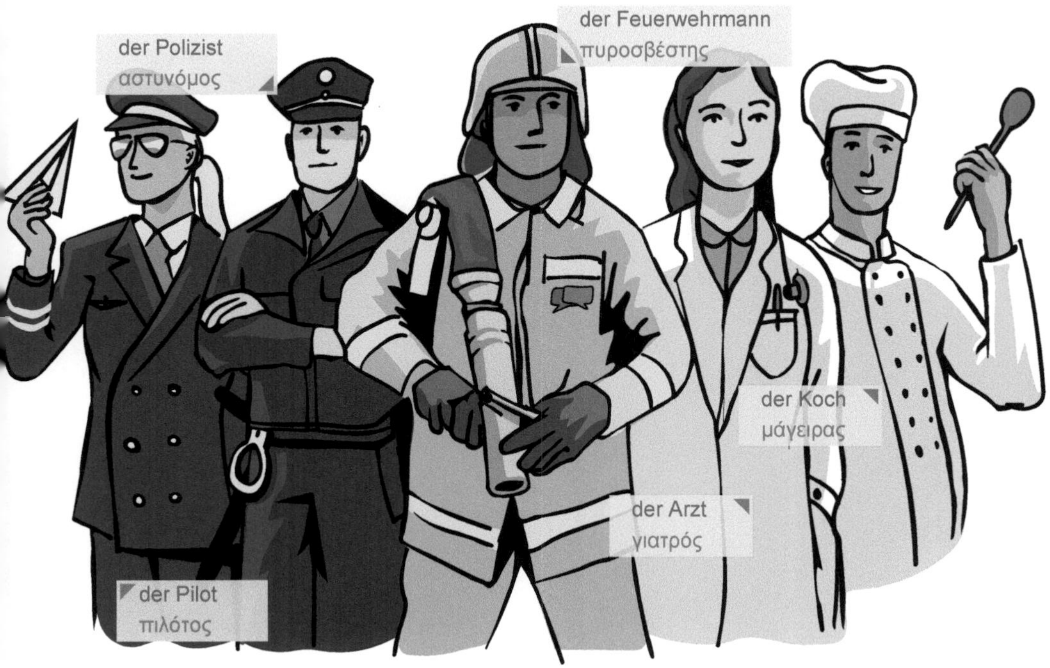
der Polizist
αστυνόμος
der Feuerwehrmann
πυροσβέστης
der Koch
μάγειρας
der Arzt
γιατρός
der Pilot
πιλότος

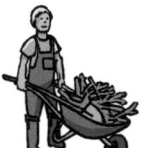

der Gärtner

κηπουρός

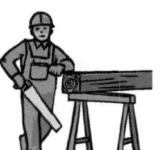

der Tischler

ξυλουργός

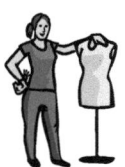

die Näherin

μοδίστρα

der Richter

δικαστής

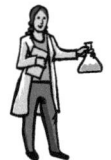

der Chemiker

χημικός

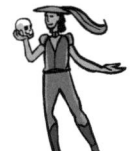

der Schauspieler

ηθοποιός

der Busfahrer

οδηγός λεωφορείου

der Taxifahrer

ταξιτζής

der Fischer

ψαράς

die Putzfrau

καθαρίστρια

der Dachdecker

τεχνίτης στεγών

der Kellner

σερβιτόρος

der Jäger

κυνηγός

der Maler

ζωγράφος

der Bäcker

αρτοποιός

der Elektriker

ηλεκτρολόγος

der Bauarbeiter

οικοδόμος

der Ingenieur

μηχανολόγος

der Schlachter

κρεοπώλης

der Klempner

υδραυλικός

der Postbote

ταχυδρόμος

der Soldat

στρατιώτης

der Architekt

αρχιτέκτονας

der Kassierer

ταμίας

der Florist

ανθοπώλης

der Friseur

κομμωτής

der Schaffner

ελεγκτής εισιτηρίων

der Mechaniker

μηχανικός

der Kapitän

καπετάνιος

der Zahnarzt

οδοντίατρος

der Wissenschaftler

επιστήμονας

der Rabbi

ραβίνος

der Imam

ιμάμης

der Mönch

μοναχός

der Geistliche

ιερέας

die Werkzeuge
εργαλεία

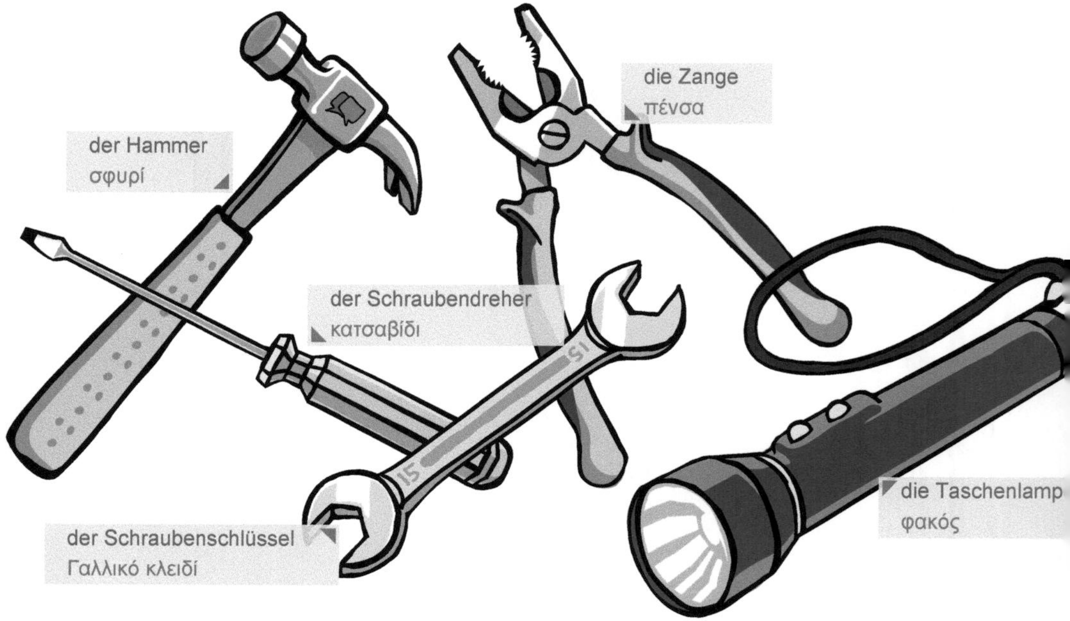
die Zange
πένσα
der Hammer
σφυρί
der Schraubendreher
κατσαβίδι
die Taschenlamp
φακός
der Schraubenschlüssel
Γαλλικό κλειδί

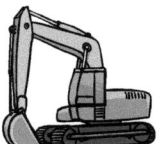

der Bagger

εκσκαφέας

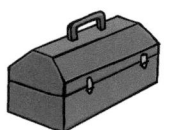

der Werkzeugkasten

εργαλειοθήκη

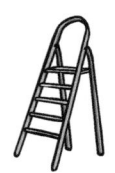

die Leiter

σκάλα

die Säge

πριόνι

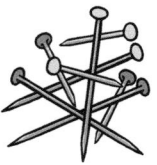

die Nägel

καρφιά

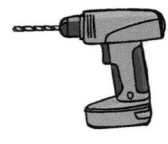

der Bohrer

τρυπάνι

reparieren

επισκευάζω

die Schaufel

φτυάρι

Mist!

Να πάρει!

das Kehrblech

φαράσι

der Farbtopf

δοχείο χρωμάτων

die Schrauben

βίδες

die Musikinstrumente
μουσικά όργανα

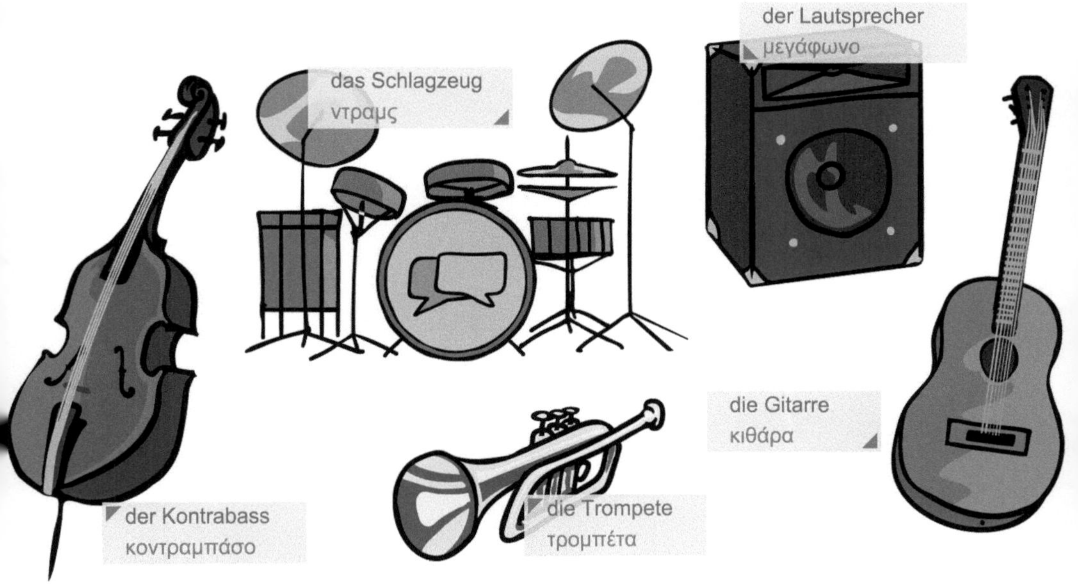

das Schlagzeug
ντραμς

der Lautsprecher
μεγάφωνο

die Gitarre
κιθάρα

der Kontrabass
κοντραμπάσο

die Trompete
τρομπέτα

das Klavier

πιάνο

die Violine

βιολί

der Bass

μπάσο

die Pauke

τύμπανα

die Trommeln

τύμπανο

das Keyboard

πλήκτρα

das Saxophon

σαξόφωνο

die Flöte

φλάουτο

das Mikrofon

μικρόφωνο

der Zoo
ζωολογικός κήπος

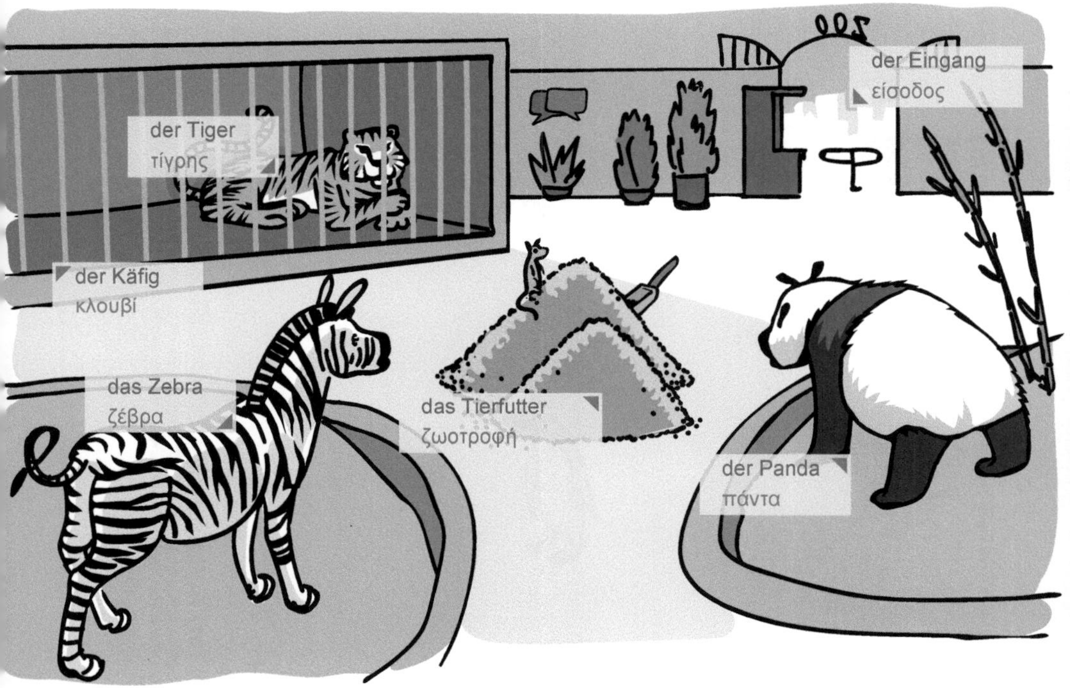
zoo
der Eingang
είσοδος
der Tiger
τίγρης
der Käfig
κλουβί
das Zebra
ζέβρα
das Tierfutter
ζωοτροφή
der Panda
πάντα

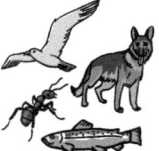

die Tiere

ζώα

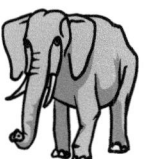

der Elefant

ελέφαντας

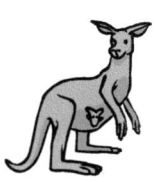

das Känguruh

καγκουρό

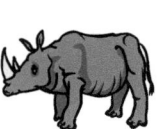

das Nashorn

ρινόκερος

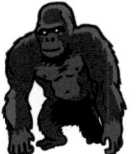

der Gorilla

γορίλας

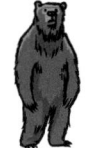

der Bär

αρκούδα

das Kamel

καμήλα

der Strauß

στρουθοκάμηλος

der Löwe

λιοντάρι

der Affe

πίθηκος

der Flamingo

φλαμίνγκο

der Papagei

παπαγάλος

der Eisbär

πολική αρκούδα

der Pinguin

πιγκουίνος

der Hai

καρχαρίας

der Pfau

παγώνι

die Schlange

φίδι

das Krokodil

κροκόδειλος

der Zoowärter

φύλακας ζωολογικού κήπου

die Robbe

φώκια

der Jaguar

τζάγκουαρ

das Pony

πόνυ

der Leopard

λεοπάρδαλη

das Nilpferd

ιπποπόταμος

die Giraffe

καμηλοπάρδαλη

der Adler

αετός

das Wildschwein

αγριογούρουνο

der Fisch

ψάρι

die Schildkröte

χελώνα

das Walross

θαλάσσιος ίππος

der Fuchs

αλεπού

die Gazelle

γαζέλα

das American Football
Αμερικάνικο ποδόσφαιρο

das Radfahren
ποδηλασία

das Tennis
αντισφαίριση

der Basketball
μπάσκετ

das Schwimmen
κολύμβηση

das Eishockey
χόκεϋ επί πάγου

das Boxen
πυγχαμία

der Fußball

ποδόσφαιρο

das Badminton

μπάντμιντον

die Leichtathletik

στίβος

der Handball

χάντμπολ

das Skilaufen

σκι

das Polo

πόλο

die Aktivitäten
δραστηριότητες

lachen
γελάω
springen
πηδάω
umarmen
αγκαλιάζω
gehen
περπατάω
singen
τραγουδάω
träumen
ονειρεύομαι
beten
προσεύχομαι
küssen
φιλάω

A

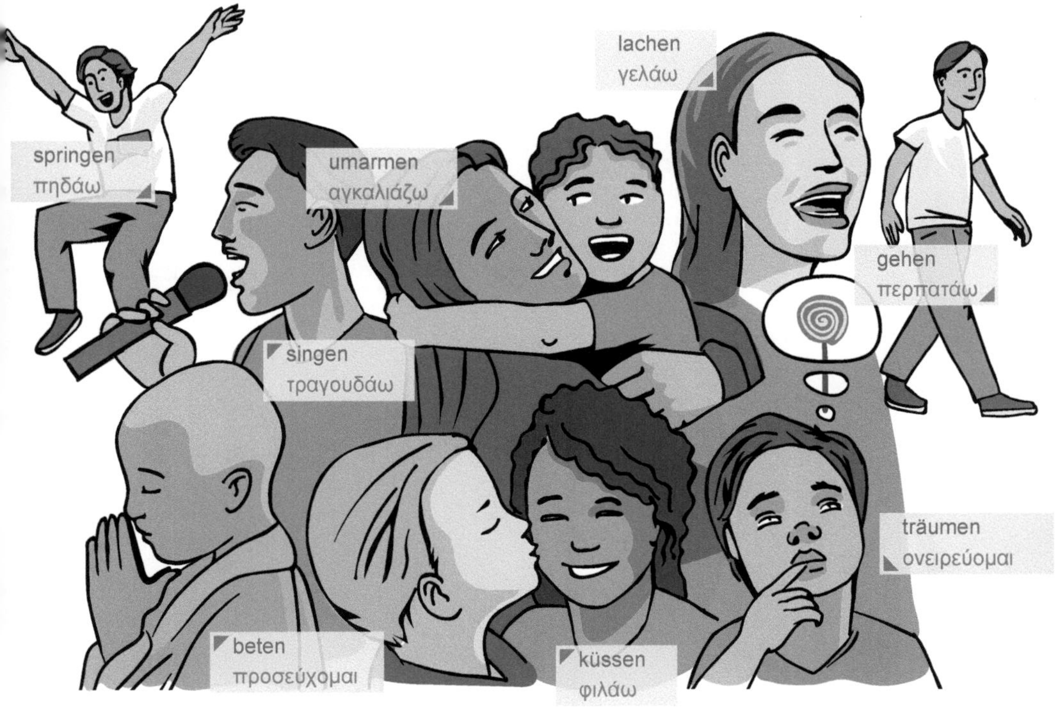

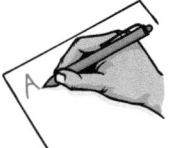

schreiben

γράφω

zeichnen

σχεδιάζω

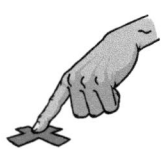

zeigen

δείχνω

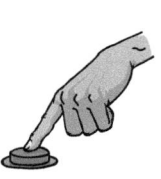

drücken

πιέζω

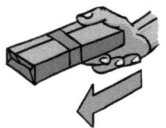

geben

δίνω

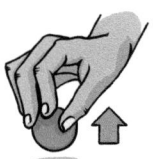

nehmen

παίρνω

haben

έχω

tun

κάνω

sein

είμαι

stehen

στέκομαι

laufen

τρέχω

ziehen

τραβάω

werfen

ρίχνω

fallen

πέφτω

liegen

ξαπλώνω

warten

περιμένω

tragen

κουβαλώ

sitzen

κάθομαι

anziehen

φοράω

schlafen

κοιμάμαι

aufwachen

ξυπνάω

die Aktivitäten - δραστηριότητες

ansehen

κοιτάω

weinen

κλαίω

streicheln

χαϊδεύω

kämmen

χτενίζω

reden

μιλάω

verstehen

καταλαβαίνω

fragen

ρωτάω

hören

ακούω

trinken

πίνω

essen

τρώω

aufräumen

συγυρίζω

lieben

αγαπάω

kochen

μαγειρεύω

fahren

οδηγώ

fliegen

πετάω

die Aktivitäten - δραστηριότητες

segeln

κάνω ιστιοπλοΐα

rechnen

υπολογίζω

lesen

διαβάζω

lernen

μαθαίνω

arbeiten

δουλεύω

heiraten

παντρεύομαι

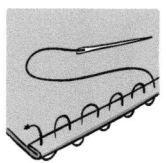

nähen

ράβω

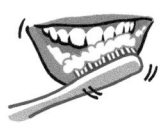

Zähne putzen

βουρτσίζω τα δόντια

töten

σκοτώνω

rauchen

καπνίζω

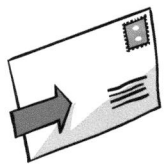

senden

στέλνω

die Familie
οικογένεια

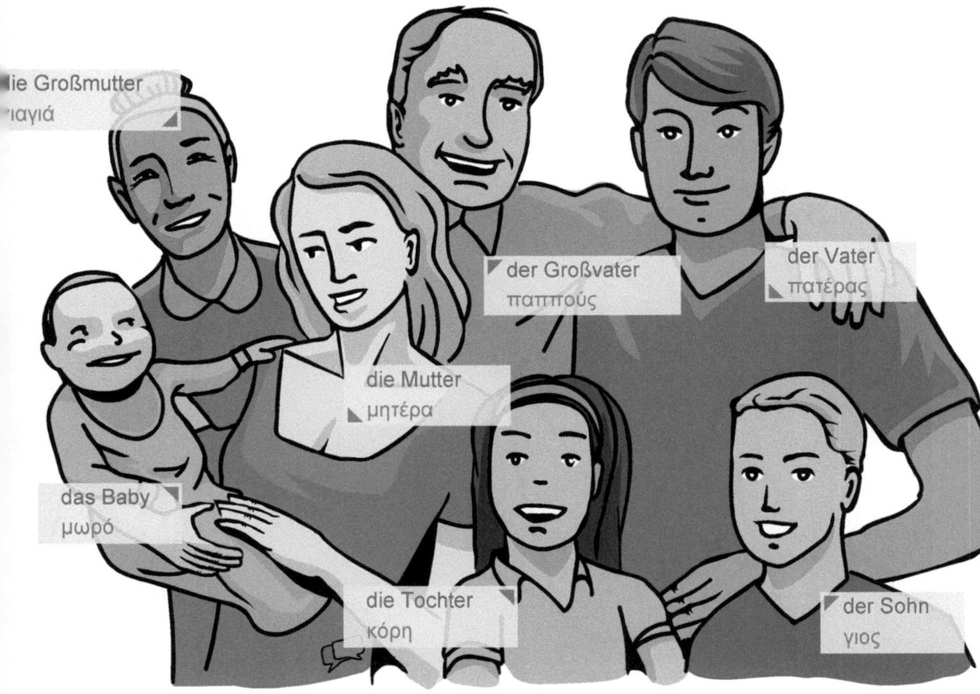

ie Großmutter
ιαγιά
der Großvater
παππούς
der Vater
πατέρας
die Mutter
μητέρα
das Baby
μωρό
die Tochter
κόρη
der Sohn
γιος

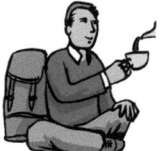

der Gast

καλεσμένος

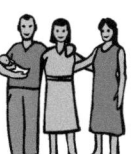

die Tante

θεία

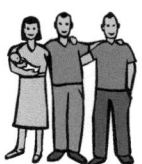

der Onkel

θείος

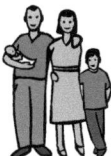

der Bruder

αδελφός

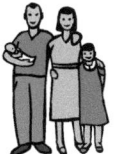

die Schwester

αδελφή

der Körper

σώμα

die Stirn
μέτωπο
das Auge
μάτι
die Schulter
ώμος
der Finger
δάχτυλο
das Gesicht
πρόσωπο
das Kinn
πιγούνι
die Hand
χέρι
das Bein
πόδι
die Brust
στήθος
der Arm
βραχίονας

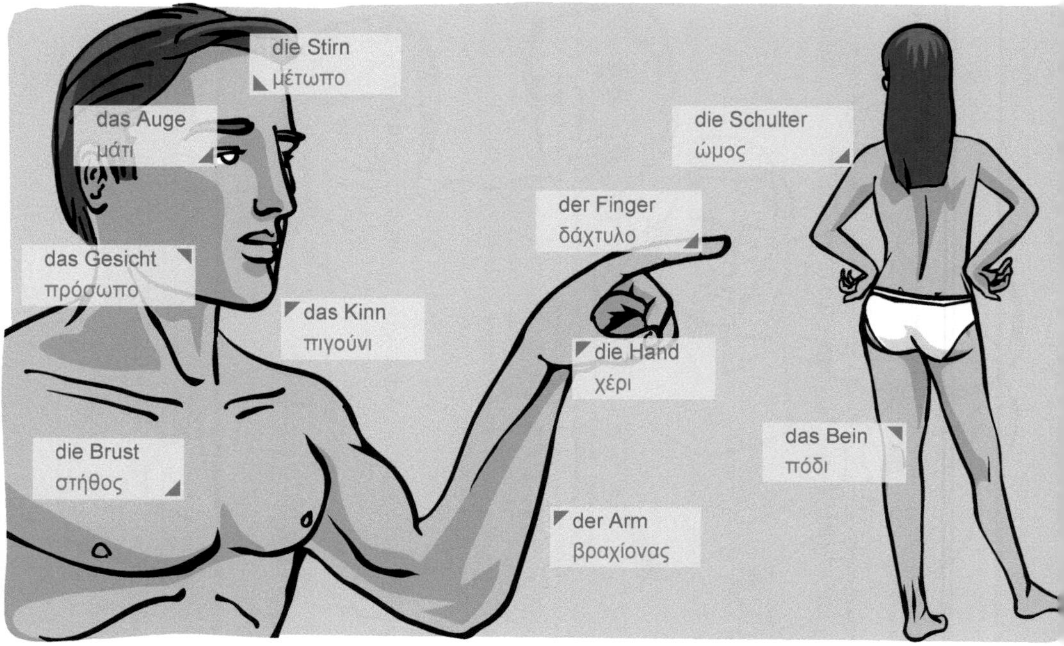

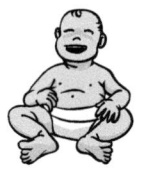

das Baby

μωρό

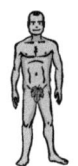

der Mann

άνδρας

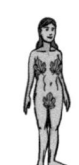

die Frau

γυναίκα

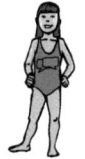

das Mädchen

κορίτσι

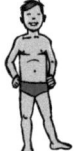

der Junge

αγόρι

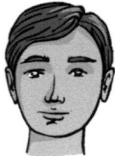

der Kopf

κεφάλι

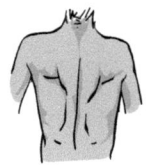

der Rücken

πλάτη

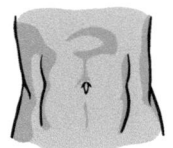

der Bauch

κοιλιά

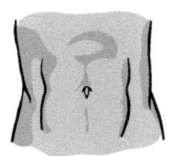

der Nabel

αφαλός

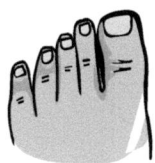

der Zeh

δάχτυλο ποδιού

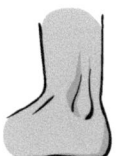

die Ferse

φτέρνα

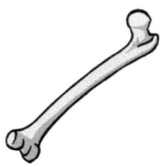

der Knochen

κόκκαλο

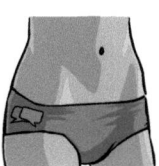

die Hüfte

γοφός

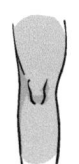

das Knie

γόνατο

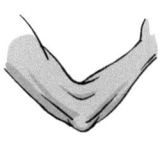

der Ellenbogen

αγκώνας

die Nase

μύτη

das Gesäß

γλουτός

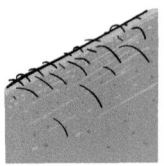

die Haut

δέρμα

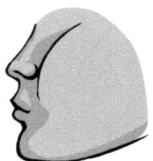

die Wange

μάγουλο

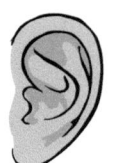

das Ohr

αυτί

die Lippe

χείλος

der Körper - σώμα

der Mund

στόμα

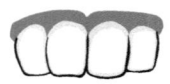

der Zahn

δόντι

die Zunge

γλώσσα

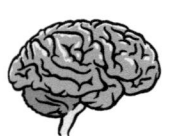

das Gehirn

εγκέφαλος

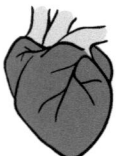

das Herz

καρδιά

der Muskel

μυς

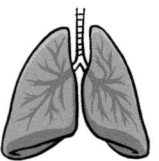

die Lunge

πνεύμονας

die Leber

συκώτι

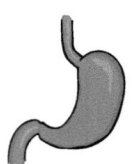

der Magen

στομάχι

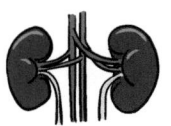

die Nieren

νεφρά

der Geschlechtsverkehr

σεξουαλική επαφή

das Kondom

προφυλακτικό

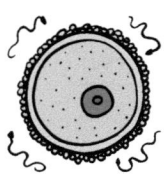

die Eizelle

ωάριο

das Sperma

σπέρμα

die Schwangerschaft

εγκυμοσύνη

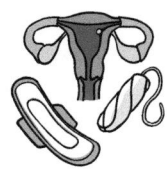

die Menstruation

περίοδος

die Vagina

γυναικείος κόλπος

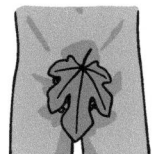

der Penis

πέος

die Augenbraue

φρύδι

das Haar

μαλλιά

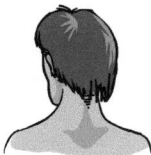

der Hals

λαιμός

das Krankenhaus

νοσοκομείο

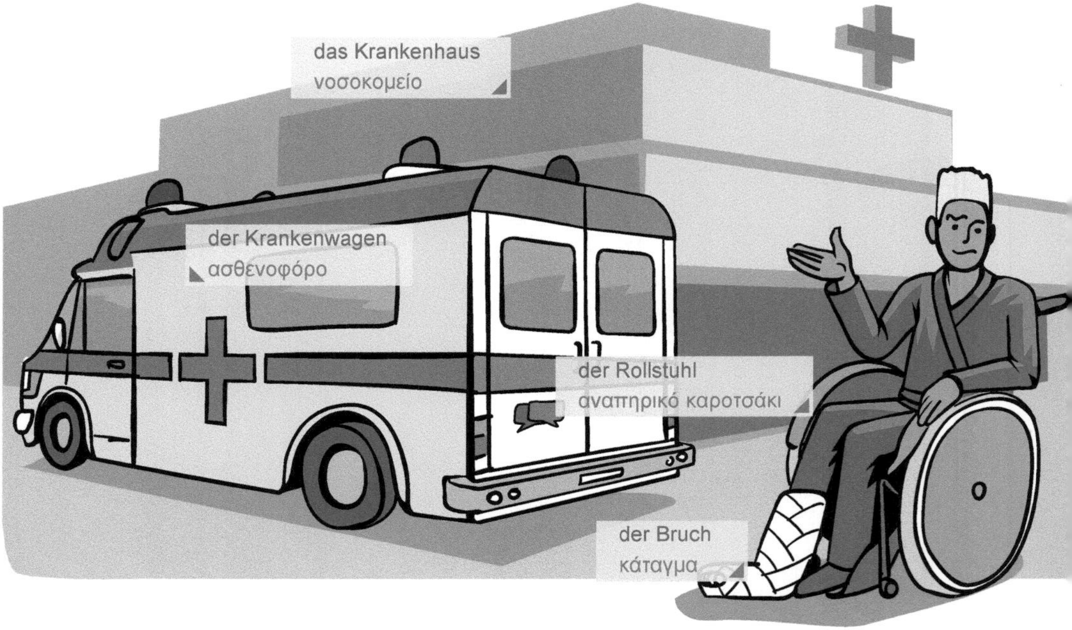

das Krankenhaus
νοσοκομείο
der Krankenwagen
ασθενοφόρο
der Rollstuhl
αναπηρικό καροτσάκι
der Bruch
κάταγμα

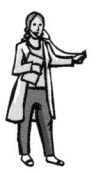

der Arzt

γιατρός

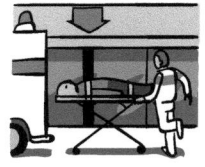

die Notaufnahme

μονάδα εντατικής θεραπείας

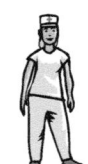

die Krankenschwester

νοσοκόμα

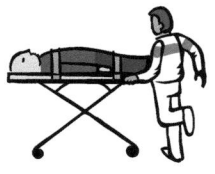

der Notfall

έκτακτη ανάγκη

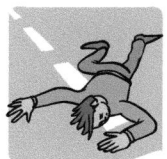

ohnmächtig

λιπόθυμος

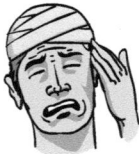

der Schmerz

πόνος

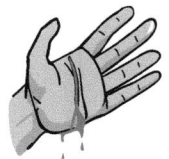

die Verletzung

τραύμα

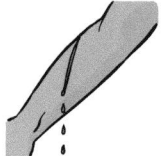

die Blutung

αιμορραγία

der Herzinfarkt

έμφραγμα

der Schlaganfall

εγκεφαλικό

die Allergie

αλλεργία

der Husten

βήχας

das Fieber

πυρετός

die Grippe

γρίπη

der Durchfall

διάρροια

die Kopfschmerzen

πονοκέφαλος

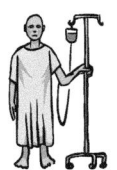

der Krebs

καρκίνος

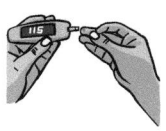

die Diabetis

διαβήτης

der Chirurg

χειρουργός

das Skalpell

νυστέρι

die Operation

εγχείρηση

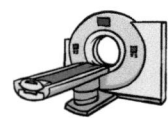

das CT

αξονική τομογραφία

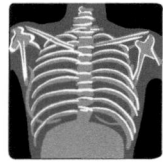

das Röntgen

ακτινογραφία

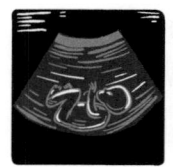

das Ultraschall

υπέρηχος

die Maske

μάσκα

die Krankheit

ασθένεια

das Wartezimmer

αίθουσα αναμονής

die Krücke

πατερίτσα

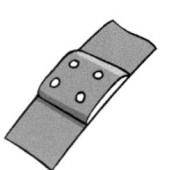

das Pflaster

χάνσαπλαστ

der Verband

επίδεσμος

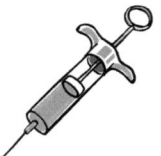

die Injektion

ένεση

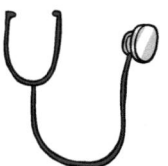

das Stethoskop

στηθοσκόπιο

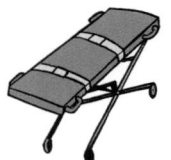

die Trage

φορείο

das Thermometer

θερμόμετρο

die Geburt

γέννηση

das Übergewicht

υπέρβαρο

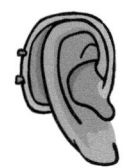

das Hörgerät

ακουστικό βαρηκοΐας

das Desinfektionsmittel

αντισηπτικό

die Infektion

λοίμωξη

das Virus

ιός

das HIV / AIDS

HIV/AIDS

die Medizin

φάρμακο

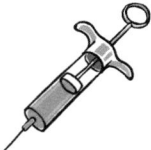

die Impfung

εμβολιασμός

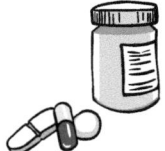

die Tabletten

δισκία

die Pille

χάπι

der Notruf

κλήση έκτακτης ανάγκης

das Blutdruck-Messgerät

πιεσόμετρο αίματος

krank / gesund

άρρωστος / υγιής

Hilfe!

Βοήθεια!

der Alarm

συναγερμός

der Überfall

βιαιοπραγία

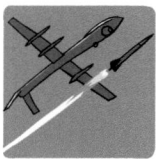

der Angriff

επίθεση

die Gefahr

κίνδυνος

der Notausgang

έξοδος κινδύνου

Feuer!

Φωτιά!

der Feuerlöscher

πυροσβεστήρας

der Unfall

ατύχημα

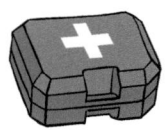

der Erste-Hilfe-Koffer

κουτί πρώτων βοηθειών

SOS

SOS

die Polizei

αστυνομία

das Europa

Ευρώπη

das Nordamerika

Βόρεια Αμερική

das Südamerika

Νότια Αμερική

das Afrika

Αφρική

das Asien

Ασία

das Australien

Αυστραλία

der Atlantik

Ατλαντικός Ωκεανός

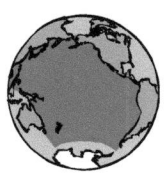

der Pazifik

Ειρηνικός Ωκεανός

der Indische Ozean

Ινδικός Ωκεανός

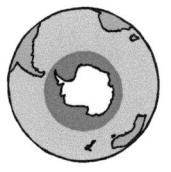

der Antarktische Ozean

Ανταρκτικός Ωκεανός

der Arktische Ozean

Αρκτικός Ωκεανός

der Nordpol

Βόρειος Πόλος

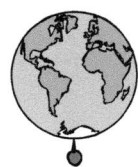

der Südpol

Νότιος Πόλος

die Antarktis

Ανταρκτική

die Erde

Γη

das Land

γη

das Meer

θάλασσα

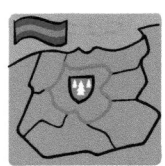

die Insel

νησί

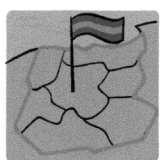

die Nation

έθνος

der Staat

πολιτεία

das Zifferblatt

καντράν ρολογιού

der Stundenzeiger

ωροδείκτης

der Minutenzeiger

λεπτοδείκτης

der Sekundenzeiger

δείκτης δευτερολέπτων

Wie spät ist es?

Τι ώρα είναι;

der Tag

ημέρα

die Zeit

χρόνος

jetzt

τώρα

die Digitaluhr

ψηφιακό ρολόι

die Minute

λεπτό

die Stunde

ώρα

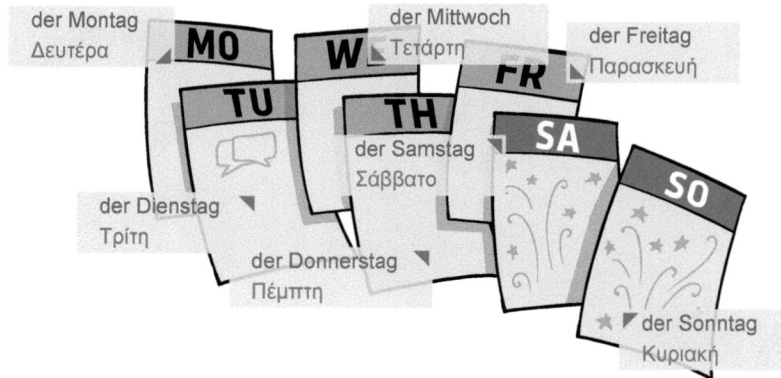

der Montag / Δευτέρα
der Mittwoch / Τετάρτη
der Freitag / Παρασκευή
der Dienstag / Τρίτη
der Samstag / Σάββατο
der Donnerstag / Πέμπτη
der Sonntag / Κυριακή

gestern

χθες

heute

σήμερα

morgen

αύριο

der Morgen

πρωί

der Mittag

μεσημέρι

der Abend

βράδυ

MO	TU	WE	TH	FR	SA	SU
1	2	3	4	5	6	7
8	9	10	11	12	13	14
15	16	17	18	19	20	21
22	23	24	25	26	27	28
29	30	31	1	2	3	4

die Arbeitstage

εργάσιμες ημέρες

MO	TU	WE	TH	FR	SA	SU
1	2	3	4	5	6	7
8	9	10	11	12	13	14
15	16	17	18	19	20	21
22	23	24	25	26	27	28
29	30	31	1	2	3	4

das Wochenende

Σαββατοκύριακο

der Regen
βροχή

der Regenbogen
ουράνιο τόξο

der Schnee
χιόνι

der Wind
άνεμος

der Frühling
άνοιξη

der Herbst
φθινόπωρο

der Sommer
καλοκαίρι

der Winter
χειμώνας

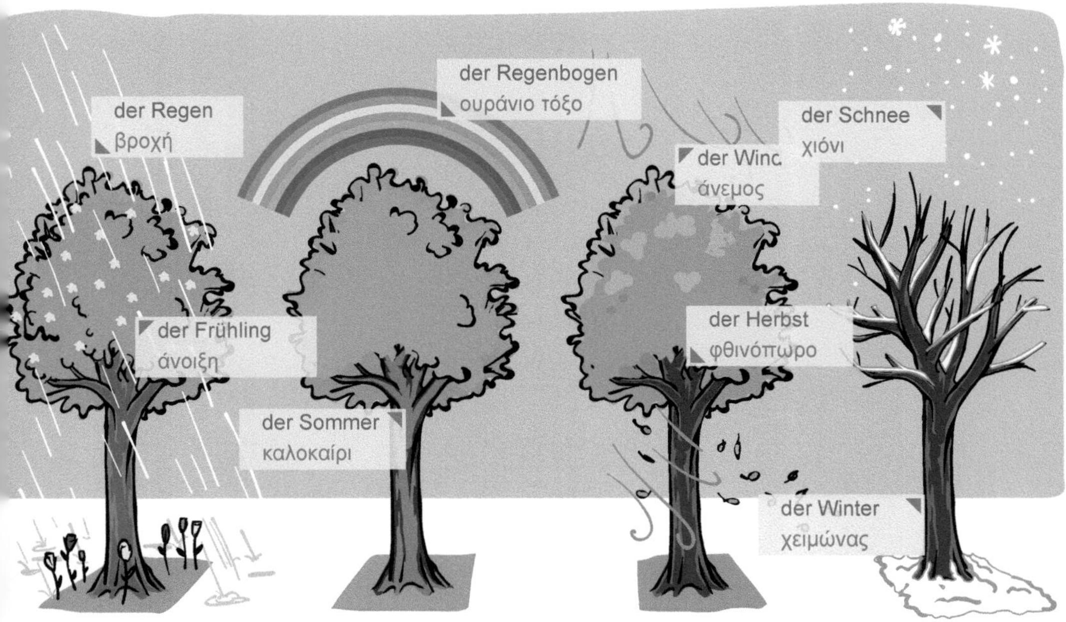

die Wettervorhersage

πρόγνωση καιρού

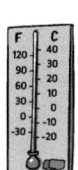

das Thermometer

θερμόμετρο

der Sonnenschein

λιακάδα

die Wolke

σύννεφο

der Nebel

ομίχλη

die Luftfeuchtigkeit

υγρασία

der Blitz

αστραπή

der Donner

κεραυνός

der Sturm

καταιγίδα

der Hagel

χαλάζι

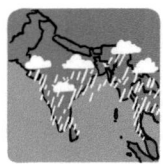

der Monsun

μουσώνας

die Flut

πλημμύρα

das Eis

πάγος

der Januar

Ιανουάριος

der Februar

Φεβρουάριος

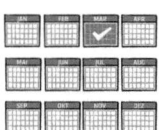

der März

Μάρτιος

der April

Απρίλιος

der Mai

Μάιος

der Juni

Ιούνιος

der Juli

Ιούλιος

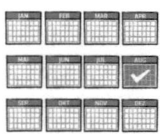

der August

Αύγουστος

das Jahr - έτος

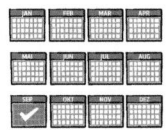

der September

Σεπτέμβριος

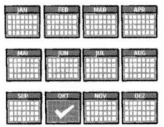

der Oktober

Οκτώβριος

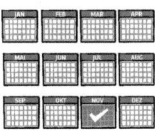

der November

Νοέμβριος

der Dezember

Δεκέμβριος

die Formen
σχήματα

der Kreis

κύκλος

das Quadrat

τετράγωνο

das Rechteck

ορθογώνιο
παραλληλόγραμμο

das Dreieck

τρίγωνο

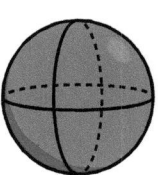

die Kugel

σφαίρα

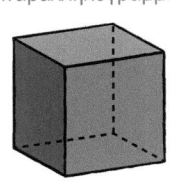

der Würfel

κύβος

weiß

άσπρο

gelb

κίτρινο

orange

πορτοκαλί

pink

ροζ

rot

κόκκινο

lila

μωβ

blau

μπλε

grün

πράσινο

braun

καφέ

grau

γκρι

schwarz

μαύρο

viel / wenig

πολύ / λίγο

wütend / friedlich

θυμωμένος / ήρεμος

hübsch / hässlich

όμορφος / άσχημος

der Anfang / das Ende

αρχή / τέλος

groß / klein

μεγάλος / μικρός

hell / dunkel

φωτεινός / σκοτεινός

der Bruder / die Schwester

αδελφός / αδελφή

sauber / schmutzig

καθαρός / λερωμένος

vollständig / unvollständig

πλήρης / ατελής

der Tag / die Nacht

ημέρα / νύχτα

tot / lebendig

νεκρός / ζωντανός

breit / schmal

φαρδύς / στενός

genießbar / ungenießbar

βρώσιμος / μη βρώσιμος

böse / freundlich

κακός / ευγενικός

aufgeregt / gelangweilt

ενθουσιασμένος /
βαριεστημένος

dick / dünn

παχύς / λεπτός

zuerst / zuletzt

πρώτος / τελευταίος

der Freund / der Feind

φίλος / εχθρός

voll / leer

γεμάτος / άδειος

hart / weich

σκληρός / μαλακός

schwer / leicht

βαρύς / ελαφρύς

der Hunger / der Durst

πείνα / δίψα

krank / gesund

άρρωστος / υγιής

illegal / legal

παράνομος / νόμιμος

intelligent / dumm

έξυπνος / χαζός

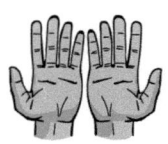

links / rechts

αριστερός / δεξιός

nah / fern

κοντινός / μακρινός

neu / gebraucht

καινούριος /
μεταχειρισμένος

nichts / etwas

τίποτα / κάτι

alt / jung

γέρος | νέος

an / aus

αναμμένος / σβηστός

offen / geschlossen

ανοιχτός / κλειστός

leise / laut

χαμηλόφωνος /
μεγαλόφωνος

reich / arm

πλούσιος / φτωχός

richtig / falsch

σωστός / λανθασμένος

rau / glatt

τραχύς / λείος

traurig / glücklich

λυπημένος / χαρούμενος

kurz / lang

κοντός / μακρύς

langsam / schnell

αργός / γρήγορος

nass / trocken

υγρός / στεγνός

warm / kühl

ζεστός / δροσερός

der Krieg / der Frieden

πόλεμος / ειρήνη

0	**1**	**2**
null	eins	zwei
μηδέν	ένα	δύο

3	**4**	**5**
drei	vier	fünf
τρία	τέσσερα	πέντε

6	**7**	**8**
sechs	sieben	acht
έξι	εφτά	οκτώ

9	**10**	**11**
neun	zehn	elf
εννιά	δέκα	έντεκα

12

zwölf

δώδεκα

13

dreizehn

δεκατρία

14

vierzehn

δεκατέσσερα

15

fünfzehn

δεκαπέντε

16

sechzehn

δεκαέξι

17

siebzehn

δεκαεφτά

18

achtzehn

δεκαοκτώ

19

neunzehn

δεκαεννέα

20

zwanzig

είκοσι

100

hundert

εκατό

1.000

tausend

χίλια

1.000.000

million

εκατομμύριο

die Sprachen

Englisch

Αγγλικά

Amerikanisches Englisch

Αμερικάνικα Αγγλικά

Chinesisch Mandarin

Μανδαρίνικα Κινέζικα

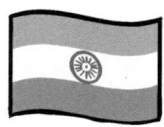

Hindi

Χίντι

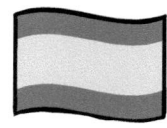

Spanisch

Ισπανικά

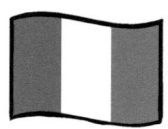

Französisch

Γαλλικά

Arabisch

Αραβικά

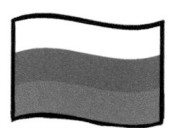

Russisch

Ρώσικα

Portugiesisch

Πορτογαλικά

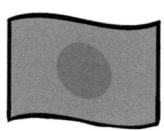

Bengalisch

Μπενγκάλι

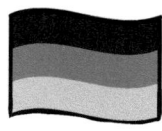

Deutsch

Γερμανικά

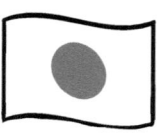

Japanisch

Ιαπωνικά

ich

εγώ

du

εσύ

er / sie / es

αυτός / αυτή / αυτό

wir

εμείς

ihr

εσείς

sie

αυτοί / αυτές / αυτά

wer?

ποιος / ποια / ποιο;

was?

τι;

wie?

πώς;

wo?

πού;

wann?

πότε;

Name

όνομα

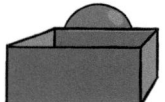

hinter

πίσω

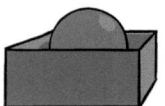

in

μέσα

vor

μπροστά

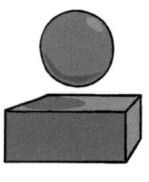

über

πάνω από

auf

πάνω

unter

κάτω

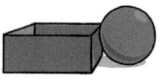

neben

δίπλα

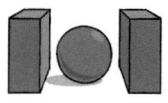

zwischen

ανάμεσα

der Ort

μέρος